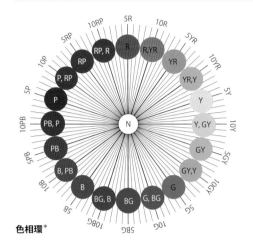

色相環*

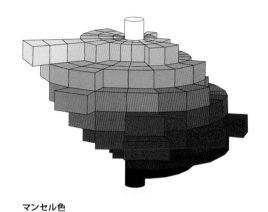

マンセル色

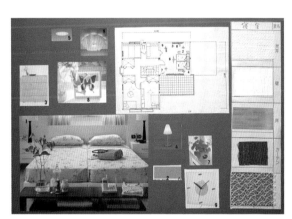

コーディネートボード

マンセル色立体の断面*

高明度↑

中明度

↓低明度

14 12 10 8 6 4 2 0 2 4 6 8 10 12
高彩度← 無彩色 →高彩度

カジュアル

エレガント

クラシック

モダン

リビングのスタイルの例

さまざまな生理・心理効果をもたらす色彩は、空間の内装材（ベースカラー）、インテリアを特性づける家具（アソートカラー）、調和や対比をもたらす照明（アクセントカラー）などが使い分けられる。住まいのインテリアには使い勝手や安全性、耐久性など機能だけでなく美しさが求められる。それは照明や色彩や素材などの演出によるところが大きい。この口絵には、インテリアのエレメントと図面の対応を示したコーディネートボード（4章）、色彩の基本であるマンセル色立体とその断面図（5章）およびリビングの4つのスタイル例（7章）を示す。

*作図：槙究（実践女子大学）

図解

住まいと
インテリアデザイン

第2版

住まいとインテリア研究会 編著

彰国社

住まいとインテリア研究会

◉代表

川島平七郎（東横学園女子短期大学（現東京都市大学）名誉教授、居住環境研究所代表）

◉研究会メンバー

岡田　悟（共立女子短期大学名誉教授）
長山洋子（YOO インテリア研究室代表）
飯村和道（女子美術大学名誉教授、一級建築士事務所・ダンス代表）
大内孝子（建設環境研究所）
山本秀代（DEN 住宅研究所）
木村戦太郎
稲田深智子（相模女子大学名誉教授）
城戸崎和佐（城戸崎和佐建築設計事務所代表）
蓑輪裕子（聖徳大学短期大学部総合文化学科教授）
花見保次（元聖徳大学短期大学部教授）

◉第 2 版研究会メンバー

川島平七郎
長山洋子
蓑輪裕子

本文フォーマットデザイン：伊原智子
装丁：水野哲也（watermark）

◉ はじめに

人は住まいの中に生まれ、育ち、そして老いていく。住まいなしには、一日たりとも過ごせない。住まいは、気候や外敵から身を守るシェルターであることにとどまらず、より美しく、自分らしく暮らすインテリアが求められている。

しかし、この分野は学問体系が未成熟で、私たちは住居やインテリアを教える立場にありながら、教育の内容や方法は手探り状態である。かつて学んだ知識はそのままでは役立たないし、自らの経験による創意工夫は普遍性があるのか、自問自答することが多い。そこで実務や教育、研究等に携わってきた経験を総合して、学生が近い将来、暮らしから住まいを考えたり、安全・健康で、美しく快適な住まいをつくる場面で、本当に大切な内容を体系的にまとめた教科書をつくることにした。

住居・インテリア系の学科目を担当する立場で、現在の授業内容を吟味し、基本的な内容は踏襲しつつも、新鮮な切口で若い世代に語りかけ、時代をふまえた最新の方法で教育することを目指した。授業での使いやすさを念頭に置いて、文章は簡潔にし、オリジナルな図表や写真の使用を心がけた。

暮らしと住まいを考える前半は、風土・歴史と住まい（1章）、ライフスタイルと住まい（2章）、住まいと都市（3章）について多様性を知り、材料・構法（4章）や室内環境（5章）では住まいのハード面の理解を目指すこととした。これらは住居学・住生活論等の授業を想定している。

美しく快適なインテリアを考える後半は、インテリア計画（6章）、エレメント（7章）、設備機器（8章）の基本を知ったうえで、デザインの方法（9章）や関連する実務・資格（10章）を知り、将来の生活や仕事に役立てることを目指した。これらはインテリアデザインや環境デザインの授業を想定している。

なお、1科目の授業で10章を使用するケースと、たとえば住生活論で前半部分、インテリアデザインで後半部分と2科目の授業に分けて使用するケースを想定している。できるだけコンパクトな形式の中に、広く、深い内容を込めたいと努力したつもりである。

それぞれの専門分野で活躍される著者たちは、経験を踏まえつつも普遍的なるものを意識して、高度な内容をわかりやすく執筆された。また、編集の尾関恵さんは、いつも目標を明確に指し示し、全体の整合性に目配りをしてくださった。心より感謝したい。

最後に、本書を読んでくださった皆さんから、ご意見などをぜひお聞かせいただきたい。

2007年6月　住まいとインテリア研究会代表
川島平七郎

◉ 第2版によせて

「図解住まいとインテリアデザイン」を刊行してはや16年、多くの学生が本書で住居やインテリアを学び、社会に出て活躍している。この間、気候変動による環境問題、少子・高齢化や情報化の進展に加えて新たな紛争・冷戦時代の到来は、現代の生活のあり方を大きく変えつつある。

今回の改訂は、エネルギーインフラの再構築、多様化するライフスタイルや人生100年時代などの社会的ニーズに対応する新しい視点から大幅な修正を加えるとともに、風土・歴史と住文化に根ざしたわが国の住まいの普遍的な特性を再確認するものとなった。

第2章「ライフスタイルと住まい」、第10章「社会と住まい」については全面的な改訂となり、併せてすべての章において、よりわかりやすい文章と新しい図版に置き換え、またデータを刷新した。

なお巻末の付録は、本文の簡明さのため避けた詳細な年表、法規・基準、技術データ等を収録したので、活用して欲しい。

本書が学生諸君の興味を引き出し、より有意義な座右の書となることを願っている。

2023年3月　川島平七郎

**図解
住まいと
インテリアデザイン
目 次**

❶ 風土と歴史における住まい

世界遺産に登録された白川郷・五箇山の合掌造集落は、岐阜県・富山県の山間部にあり、多雪気候、養蚕業、大家族制度といった条件をたくみにまとめ上げた美しい住宅の形、集落の姿を遺し、また、近隣の人が協力して屋根茅の葺替を行う風習を今に伝えている。住まいには風土と歴史が刻み込まれている。

屋根茅の葺替の様子（人と比べると屋根の大きさがわかる）

1.1　シェルターとしての住まい

(1) 風土と生きる

縄文時代の三内丸山遺跡（青森県）、弥生時代の登呂遺跡（静岡県）などに復元された住居から、古い時代の住まいの姿を知ることができる（**図1左**）。これらは地面を掘り下げて住居内の生活面としていることから**竪穴住居**と呼ばれる。

竪穴住居は現在の住宅と比べると、壁がなく地上部分のすべてが屋根のような形である。わが国の気象は雨が多いのが特徴であり、雨から家を守る屋根を最も重視したため、このような形となったと考えられる。日本語で家に対して「雨露をしのぐ」という形容をするのも、こうした背景があってのことであろう。

(2) 身近な素材と共同の知恵

昔は鉄やガラスのような建材はまだなく、また、遠くから材料を運ぶ手段もなく、身近な所で手に入る材料で住居をつくらざるをえなかった。わが国は森林に恵まれていたため、竪穴住居には木や茅が主に使われた。

登呂遺跡の竪穴住居では、柱跡をもとに4本の掘立柱を立て、上部を井型に木でつなぎ、この8本の骨組の外側に放射状に垂木を架け屋根を葺く方法で復元されている（**図1中・右**）。専門の大工職人も大工道具もない時代には、人力だけで運搬できる材料を使い、専門的な技術がなくても組み立てられる方法が用いられ、住む人々が共同で住居をつくっていたと考えられる。

図1── 登呂遺跡（3世紀頃。左：復元住居、中：復元骨組、右：住居跡）
長軸8m、短軸6mほどの楕円形住居跡が群をなして遺されている。

1.2 竪穴住居から寝殿造へ

屋根のみでつくられていたような竪穴住居に壁が発生し、屋根の外側に庇が掛けられ、また、床が張られて庇部分も室内に取り入れられて、平安時代の貴族の住宅である**寝殿造**住宅に発展したと考えられる。奈良時代の住宅には寝殿造への過渡的な平面を見出すことができる（図2）。寝殿造の中心的な建物である寝殿や東対などにある「塗籠」という名の部屋は、言葉のとおりに土壁で塗り固められていたわけではないが、他の部分が開放的なつくりであるのと対照的に壁や建具で囲まれて、竪穴住居の名残をとどめるものといえる。

寝殿造での貴族の暮らしは、雛人形や百人一首の絵札からうかがうことができる。内裏雛や天皇が座る畳の縁は繧繝縁という皇族専用の縞模様で、ほかの人が座る畳の縁とは異なっている。ただし、寝殿造では畳は書院造のように敷詰ではなく、ちょうど座布団を敷くように板の間に並べられ、**置畳**と呼ばれていた。行事などがあると、そのつど参加者に応じた置畳を並べ、終わると片付けていた。したがって、最も身分の高い天皇の席も行事の性格によって変化し、固定化したものではなかった。

また、板敷の大きな部屋を**御簾**、**几帳**、**屏風**といった可動式の調度で仕切って使い、ある時は大きくひと部屋として、ある時はいくつかの小部屋として柔軟に使っていた（図3）。

図2—— 藤原豊成板殿復元図　母屋と庇からなる架構で、後の寝殿造への移行過程を示す（奈良時代、8世紀頃）。

図3—— 寝殿造　絵巻に描かれる調度類と平安京にあった藤原氏の東三条殿の復元平面図。

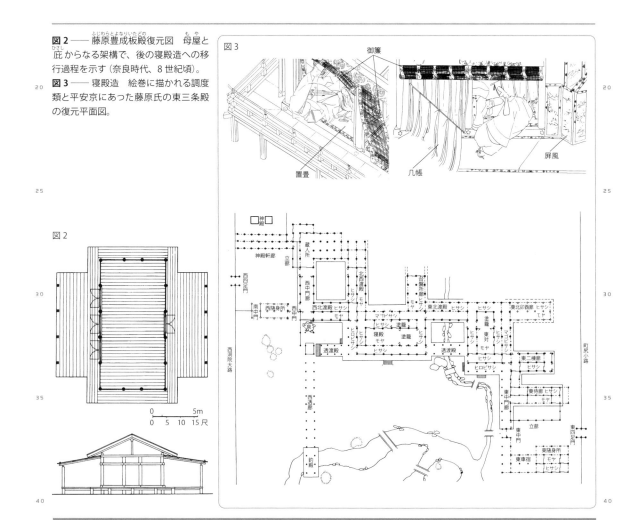

1.3　和室の成立

(1)和室の現在

　現在、衣食住の各分野では、洋風・和風が共に見られ、中でも食の分野では中国風も重要な要素となっている。また、和服を着る機会は成人式や結婚式などの特別な場合に限るという人も多い。住生活においても、ベッドや椅子を使う洋室と、畳に布団を敷く和室とを使い分けている。

　このように、和室・和食・和服は広く定着し、それぞれのスタイルを皆が共通に思い浮かべることができる。衣食住の和風スタイルは、江戸時代に確立したもので、現在の和室は武士階級の住宅の様式である**書院造**が基本となっている(図4)。

(2)和室の特徴

　和室の最大の特徴は、部屋に畳が敷き詰められていることである。畳の匂いと素足に触れる畳の肌触りは多くの日本人がなつかしく感じ、6畳間、8畳間と聞いただけで、だれしもが部屋の形と大きさを思い浮かべることができるだろう。また、和室には床、違棚などの座敷飾が付けられ、部屋境には襖、障子などの建具や欄間が用いられる。和室に用いられる床材、壁材、建具などは木、草、紙、土などの天然素材が中心であり、その質感や色彩も周囲の自然になじむものである。

　江戸時代には、和室を中心とした住まいとしての統一性がある一方、京都などで見られる町家には通り土間住宅が見られ、岩手県地方には馬屋を取り込んだ鍵型の平面をもつ曲家が見られるなど、敷地、気候、生業などの違いにもとづく地域性を見出すことができる(図5～7)。

(3)畳割・柱割・京間・田舎間

　和室の平面を設計する場合、寸法の用い方には実際に畳が敷かれる部分、つまり、部屋の側から見て柱の内側から内側までの寸法(内法寸法)を基準とする方法(**畳割**)と、部屋を囲む柱の中心

図4——書院造の室内の例　光浄院客殿(伝慶長6(1601)年)
図5——高山(岐阜県)にある造り酒屋船坂家　平入屋根の軒や通りに面した格子が上三之町の町並を形成している。
図6——通り土間をもつ高田(新潟県)の町家　通り土間は近世の京都・大阪を中心とする文化・流通圏に重なって分布する。

図4

図5

図6
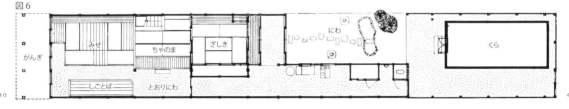

図7 ── 日本各地の伝統的な住居（主に江戸時代）

①かぶと造（山形県）
寄棟茅葺屋根の妻部分を切り上げて開口部としたもの。屋根裏を蚕室として利用するためで、関東、中部、東北に広く分布。

②中門造（山形県）
曲家と同様に、鍵型に突出した馬屋をもつが、突出部の先端に出入口を設ける点が曲家と異なる。北陸から東北の日本海側、内陸に広く見られる。

③アイヌのチセ（北海道）
屋根も壁も茅で葺いてある。内部は1室で炉が設けられている。

④曲家（岩手県）
馬屋を鍵型に突出させ、入隅部に出入口を設ける。旧南部藩領に特有の民家形式。馬屋と住居が同一棟を形成する内厩形式は寒冷地に見られる。

注：じょういは常居とも書く。居間の一種。床に炉を切り、板の間にする

⑫合掌造（岐阜県）
富山県五箇山、岐阜県白川郷に見られる切妻の多層民家。

⑤分棟型（千葉県）
床上部分と土間部分とを別構造としたもの。南西諸島、九州から関東にかけての太平洋岸地域で見られる。

⑪石置板葺屋根（長野県）
年輪沿いに挽き割った板で葺いた屋根に石の重しを置く。本州の内陸部に見られる。

⑥押上屋根（山梨県）
切妻茅葺屋根の中央を棟より高く押し上げ、屋根裏を蚕室として利用するための採光、換気を図っている。甲府盆地で見られる。

⑩出雲地方の民家（島根県）
冬場の季節風を防ぐため、屋敷の西側と北側に築地松という防風林をもつ。

⑨沖縄の民家（沖縄県）
朱色の瓦が特徴。強い風に備えるため、勾配の緩やかな屋根とし、石垣で囲っている。

⑧椎葉の民家（宮崎県）
山深い椎葉の里に遺る。一列に部屋が並ぶ形の平面で、日常の生活は「どじ」「うちね」「つぼね」で行われ、中央部に最も広い中心的な部屋「でえ」があるのが特徴。「でえ」の機能は後に「ござ」へ移っていく。一列型は紀伊半島の山間部の十津川にも見られる。

⑦高塀造（大阪府）
急勾配の切妻茅葺屋根の周囲を瓦葺としたもの。奈良、大阪、京都に見られ、大和棟とも呼ばれる。

から中心までの寸法（芯々寸法）を基準とする方法（柱割）とがある。柱割では実際に畳が敷かれる部分は基準寸法よりひと回り小さくなる。また、畳割では畳1枚の寸法は、柱の太さの違いや敷き方が縦方向か横方向かの違いによらず常に均一となるが、柱割では柱が太いほど畳は小さくなる。6畳間の場合では実際に畳が敷かれる部分の縦横比が正確には3：4とならないため、縦方向の畳を横方向に用いることはできない。

　畳割と柱割とを比較すると、柱割では現場に合わせてそのつど畳の寸法を決めなければいけないのに対し、畳割ではどこにでも使える寸法の畳をあらかじめつくっておくことができ、建築生産の規格化、効率化という点で畳割の方が優れている。

　柱割は古くからの方法で日本各地で行われていたが、都市に人が集まるようになって建築需要が増えたのに対応して、新しい方法である畳割が開発されて普及したと考えられる。

　ところで、同じ6畳間でも関西の方が関東より広いような印象をもった経験はないだろうか。基準となる寸法には地域差があり、関西では京間と呼ばれる内法6尺3寸（芯々6尺5寸）が用いられ、関東では田舎間と呼ばれる芯々6尺（内法5尺8寸）が多く用いられるためで（図8）、名古屋の近くでは中京間という寸法も見られる。

(4)和室の生活スタイル：上座・下座

　書院造は寝殿造から発展したものであるが、寝殿造に見られた柔軟な席次や間仕切は、書院造では大きく変化する。身分の高い者は常に床の間を背にして座る形に固定され、家来たちはどの部屋の何枚目の畳に座るかが身分や格式によって決まっていた。これは今でも、和室で宴会を開く時、床の間を背にして、家長や目上の人が、披露宴なら新郎新婦が座るというような風習に受け継がれている。また、部屋境は襖や障子で仕切

図8── 畳割（京間）と柱割（田舎間）　京間・田舎間は寸法値の違い、畳割・柱割は寸法の用い方の違いを表す。

図9── 広間型三間取の上層農家北村家（神奈川県、貞享4（1687）年）の外観、平面図

図8

柱割田舎間の6畳（1/100）

芯々6尺×2　／　6尺×1.5

畳割京間の6畳（1/100）

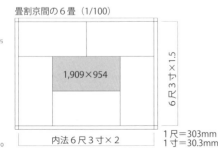

1,909×954　／　6尺3寸×1.5

内法6尺3寸×2

1尺＝303mm
1寸＝30.3mm

図9

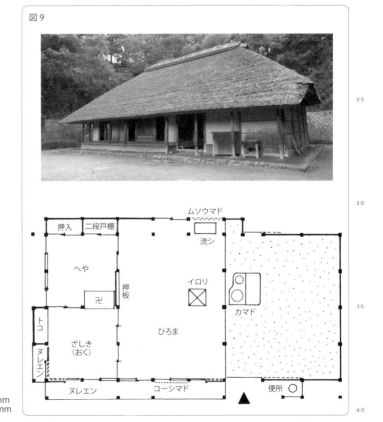

られ、御簾や几帳が臨時的なものであったのに比べて固定的なものに変化している。このように序列を明確化する使い方に対応しているのが書院造の特徴で、封建社会における身分秩序に対応した上座・下座の関係が空間に反映されている。

　一方、江戸時代の上層農民などの家（図9、11）には、ひろま、ざしき、へやの3室からなる広間型三間取の住宅が多く見られた。閉鎖的なつくりのへやは寝室として「塗籠」の系譜を引き継ぐものといえる。床を備えるざしきは、僧侶や代官といったこの家の主人より上の階層の人が来訪した場合に使われ、主人とこれらの人との間で、上座・下座の関係で席が決まり、武士住宅の座敷と共通する。

（5）和室の生活スタイル：よこ座・かか座

　広間型三間取住宅では、土間と一体のひろまは家族の生活の場であり、また、同じ階層の農民などは土間の入口から入って、囲炉裏のまわりに招じ入れられる。囲炉裏のまわりでは主人は**よこ座**に、妻は**かか座**に、客は客座に、使用人は木尻に座るというルールがあり、外部の人が主人を中心とする家の秩序内に組み込まれて迎え入れられる姿を示している（図10）。

（6）和室の生活スタイル：床座

　和室では畳の上に腰をおろし、畳の上に横になって眠る生活様式であり、これを**床座**と呼ぶ。床の飾りや庭を眺める窓の高さなどは、畳に腰をおろして見た時に効果的に見えるように計画され、また、障子の引手金物の位置は座った姿勢で使いやすい位置（床上約80cm）に設計されていた。

　こうした床座の美学を極めてつくられたのが**数寄屋造**や茶室で、庭の自然と一体化したデザインや広さ、豪華さを極限まで捨象した形を、妙喜庵待庵や如庵、桂離宮などの遺構に見ることができる（図12〜14）。

図 10 ── 囲炉裏まわりの座
図 11 ── 北村家（図9）土間からひろまを望む。
図 12 ── 如庵（茶室）平面図（元和3（1617）年頃）
図 13 ── 妙喜庵待庵土庇（京都府、天正10（1582）年頃）
図 14 ── 桂離宮（京都府、創建元和元（1615）年頃）

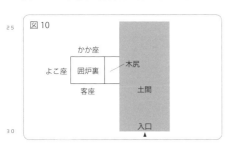

図 10

図 12

図 13

図 11

図 14

1.4　洋風化と集住化

(1)洋風化のプロセス

　和室が床座であったのに対し，椅子に腰を掛けベッドで眠るスタイルを**椅子座**と呼ぶ。現在，私たちの生活では椅子座が広く見られるが，欧米の椅子座はベッドに入るまで靴を履くスタイルであるのに対し，日本では玄関で靴を脱いで履き替えている。

　明治になって洋風の生活様式が日本にもたらされたが，人口の大部分を占める一般庶民の生活にまで洋風化が及ぶことはなく，江戸時代と同じような住まいで暮らしていた。大都市に住む政治家や高級官吏などでも，昼間は洋服を着て椅子式の役所で仕事をしていても，夜は和風住宅で和服を着る生活であった。したがって，自宅も来訪者と接する洋館と，家族と生活する和風住宅とを接合させた形であった。この形式は小規模な住宅にも取り入れられ，全体は和風住宅ながら玄関脇に洋間1室を設ける住宅が数多く見られるようになった(図15)。

　一方，和風住宅の平面にも変化が見られた。それまでの住宅では部屋と部屋が直接接し，離れた部屋へ行くにはほかの部屋を通過する必要があった。これでは各部屋の独立性が保てず，人の動きもスムーズでないので，中央に廊下を1本通し，これを使って移動することにより解決を図った**中廊下型住宅**が，明治末から建てられるようになった。

　また，現在新築される住宅の多くで腰掛ける形の洋式便器が採用されているが，風呂の方は浅い洋式バスは普及せず，浴槽から出て洗場で体を洗う伝統的な方法が受け継がれている。

　台所では，今は流しの前に立って調理しているが，昔は流しが土間に置かれ，しゃがんだ姿勢で使っていた(図16)。前者を**立ち流し**，後者を**座り流し**という。大正時代の住宅改善運動では座り流しに代表される台所の環境の改善が重要な課題とされたが，木やテラゾーに代わる立ち流しに適した軽くて水もれのしない材料は，第二次世界大戦後のステンレスを待たなければならなかった。

(2)集合住宅の出現

　端島は長崎県にある小さな島で，石炭採掘のために多くの人が移り住んでいた。島全体のシルエットが軍艦に似ていることから軍艦島とも呼ばれるが，このシルエットは限られた島に多くの人が高

図15 —— 洋間の書斎1室を玄関脇にもつ中廊下型住宅(明治42(1909)年)
図16 —— 明治時代の台所の例　流しが土間に直接置かれる座り流しの形式

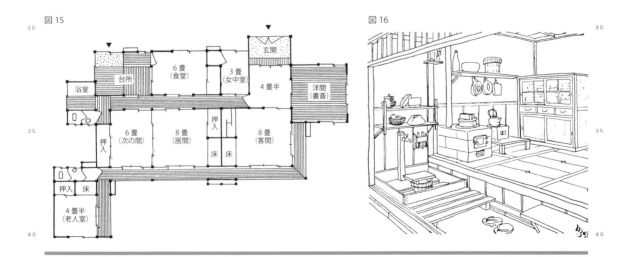

図15

図16

密度に住むために建てられたアパート群がつくり出していた。アパート群は大正5（1916）年から建てられたが、住戸は和室と土間からなり、トイレは共同で、現在の集合住宅よりもむしろ江戸時代の長屋を積み上げたような形に近かった（図17）。

集合住宅が軍艦島のような特殊な場面での解決策から、現在のような一般的な住まいの形となる契機は大正12（1923）年の**関東大震災**であった。この震災では、密集した木造家屋が地震にもその後に発生した火災にも大変弱いことが判明した。これを克服するため、鉄筋コンクリート造の耐火建築で集合住宅を建て、生じた空地を防火帯と

して用いる方法で住宅再建が進められた。

この再建を担ったのが**同潤会**であった。しかし、同潤会は防災の面だけでなく、住宅と生活、都市と農村まで視野に入れて、将来普及するであろう集合住宅のあるべき姿を探っていた。同潤会が建てたアパートメントハウスには女子独身者専用の大塚女子アパートをはじめとして、先駆的な試みが数多く見られた（図18）。

（3）郊外住宅地の発展

最も早く産業革命が進んだイギリスでは、首都ロンドンの中心部の人口が過密となり、大気

図17──軍艦島の集合住宅　住宅のほか、診療所や学校も建てられ、島の中で生活が完結していた。
図18──同潤会江戸川橋アパート（昭和8（1933）年）同潤会のつくったアパートの中では最後の方に属する。

図17　30号館　5-7階

図18

汚染も進んで、住環境がよい郊外へ住みたいという需要が高まった。こうした状況を背景にエベネザー・ハワードが『明日の田園都市』を1902年に出版し、日本にも**田園都市**の概念が伝えられた。

　日本では「煙の都」と呼ばれた大阪で、明治43（1910）年に近郊の池田室町住宅地の分譲販売が開始され、大正から昭和初期にかけて東京でも田園調布、国立、大泉学園、常盤台などが誕生した。これらの街は、地図で見ると機能的に計画された街路と街区をもつことがよくわかるが、分譲後も住民の間で建物の高さ制限や敷地の分割禁止などの協定を結び、良好な環境を維持する努力が進められてきた（図19〜21）。

　このような郊外住宅地は業務地区と分離され、人々は住まいと職場とを往復することになり、大阪、東京の中心部とはいずれも鉄道で結ばれていた。しかし、ハワードが提唱したのは、都心への通勤者のベッドタウンではなく、田園都市内や近隣の田園都市相互で職住が共に行われる都市であった。現在に至るまで日本ではこの意味での田園都市は生まれていない。

　第二次世界大戦後になると、都市に職場を求め

て農村からの人口流入が激しくなった。この人口を吸収するため、郊外に大規模な住宅団地がつくられた（図24）。その担い手は同潤会の流れを受け継ぐ**日本住宅公団**であり、「団地族」なる言葉も生まれた。また、無秩序に都市が拡大（アーバンスプロール）した所では、住環境が悪化した。

　その後、住宅地の規模が大きくなるにつれて、住居だけでなく、商業施設や文化施設などを含んだ都市的なスケールで住宅地を計画する必要が生じた。このようにして1960年代からつくられたのが**ニュータウン**で、大阪近郊の千里、名古屋近郊の高蔵寺、東京近郊の多摩などのニュータウンが誕生した。

（4）食寝分離・就寝分離

　第二次世界大戦によって日本の多くの都市で住宅が失われ、一方、海外からの引揚者が日本に戻ってきて、戦後420万戸もの住宅不足に見舞われた。

　短期間に多くの住宅をつくる第一の方法は、規格化された住宅を効率よくつくることである。こうした発想からPREMOSなどの木質系の**プレハブ住宅**が供給された（図22）。その後、鉄骨系、コン

図19── 田園調布の全体図　大正13（1924）年のパンフレットより。鉄道、街路、街区がよくわかる。

図20── 大船田園都市に建てられた住宅の平面配置図（大正13（1924）年）　外観は洋風でありながら、室内は和室である点が特徴。

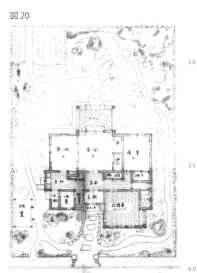

クリート系のプレハブ産業も興（おこ）り、その隆盛ぶりは現在に続いている。第二の方法は、住宅1戸当たりの面積を最小限にして、できるだけ数多くの住宅をつくることであった。

しかし、当時の設計者は最小限の住宅を能率よくつくることだけではなく、戦後の民主的な社会にふさわしい住宅はどうあるべきかについても考えていた。それは家族各人のプライバシーを守りつつ、家族内のコミュニケーションを十分に図ることができる住宅である。

具体的にこれを実現する方法として西山夘三（うぞう）らにより**食寝分離**（しょくしんぶんり）、**就寝分離**（しゅうしんぶんり）が提案された。コミュニケーションの場である食事室が家族の寝室と兼用では十分なコミュニケーションがとれず、また、寝室を使用する人のプライバシーも守れないので兼用しない、というのが食寝分離であり、雑魚寝（ざこね）のような寝方ではなく、親と子とで、あるいは子供相互で寝室を分け、プライバシーを守る、というのが就寝分離である。

1戸当たりの面積を最小限にするという制約のもとで食寝分離、就寝分離を実現するため、食事室と台所を合体して産み出されたのが**DK**（ダイニングキッチン）である。公営住宅の51C型には、35m²の中にプライバシーを守る2寝室とコミュニケーションを図るDKとが組み込まれている（**図23**）。

(5) 公私室型住宅の成立

部屋の用途から、51C型の2寝室は私室、DKは公室と呼ばれて食寝分離を実現した。この公私室型住宅は、n DKと略称され、中廊下型住宅に見られた2室続きの座敷が消えて、家族中心の間取が集合住宅から戸建住宅まで採用されていった。

経済成長に伴いマンションの床面積は拡大し、芝白金団地（日本住宅公団、1964年）では、台所兼食事室に続く居間を設けてLDKの表示が初めて登場し、n LDK型プランは一般化していった。

図21── 田園調布の家（大川邸、大正14年（1925）年）　当時の設計図をもとに復元し江戸東京たてもの園に移築保存。
図22── 初期のプレハブであるPREMOS（昭和21（1946）年）
図23── 公営住宅標準設計51C型（昭和26（1951）年）　台所・食事室と書き込まれた部屋がDKで、2DKタイプ。
図24── 武蔵野緑町　昭和30年代の日本住宅公団による2000戸規模の賃貸団地。

図21

図22

図23

図24

❷ 現代のライフスタイルと住まい

南ドイツ・バイエルンの中世都市アウグスブルクで活躍した商人・フッガー家のヤコブはカトリックのキリスト教徒で、1521年に世界最古級の福祉住宅フッゲライ（67棟142戸約60㎡）をつくり、貧しい人々の助けとした。モーツァルトの曾祖父も住んだといわれ、タウンハウスの原型とされている。現在でも老人ホームとして使用され、家賃は年間1ユーロ程度で500年間変わらず、今日の住宅と比べても住環境の質は低くない。旅行者にも開放されているが、静けさは保たれており、福祉施設のあり方を考えさせられる。

静かなたたずまいのフッゲライ

2.1　家族のかたちとライフサイクル

（1）家族のかたち

　日本では夫婦、親子、兄弟姉妹など、血縁・親族関係を重視してきたが、近年、家族のあり方そのものが変化している。住居と家計を共にする集団（日本人、単身者含む）を「一般世帯」といい、約5570万世帯の構成人数は平均2.21人である。世帯類型別家族構成の割合で見ると、「核家族世帯」は減少傾向であるが、2020年でも最も多く5割を超えている。「単独世帯」は急増しつつあり、1970年に10.8％だったが、2020年には38.0％で50年の間に約4割が単独世帯となった。「三世代世帯」は1980年をピークとして以降減少傾向で、2020年に7.7％で1割以下である（図1）。

（2）核家族

　内閣府では、家族の最も基本となる形態を核家族とし、「夫婦と未婚の子供からなる世帯」に加えて「夫婦だけの世帯」や「ひとり親世帯」も含んで核家族としている。

　戦前の日本では家を継ぐ跡取り以外の子供たちは、結婚すると実家を出て新たに家を構えることが多く、核家族世帯は半数を超えていた。1960年代の高度経済成長期に、産業の近代化に伴い働き手となる若者が地方から上京し都市部に人口が集中した。それに伴い核家族を形成する若者のための住宅が都市部で多く供給された。

　しかし、親族などが近くにいない核家族世帯では周囲からのサポートが受けにくいため複数の子供を産み育てることは難しいと感じることが多い。また、閉鎖的な環境での子育ては、ストレスなどから孤立する世帯が増えているといわれている。さらに、子供が独立し、配偶者に先立たれ単独居住となることも多く、日常生活に対するケアが求められる。

（3）単独世帯の増加

　先進国に共通して単独世帯の増加が見られ、日本でも世帯数が増加し家族の構成人数は減少し続けている（図2）。その要因には高齢化、少子化、未婚・晩婚化、離婚率の増加などがあげられる。

1）高齢化

　日本の総人口は2020年に1億2573万人で、65歳以上の高齢者[1]は約3618万人、総人口に占める割合は28.8％となり、さらに内閣府の将来推計では2040年の高齢化率は35.3％に達するとしている（図3）。高齢者人口は今後も増加の傾向であり、新たな生きがいや働き方、住まい方など、環境の整備が求められる。高齢化の要因は長寿化とともに、少子化による若年人口の減少があげられる。

2）少子化

　1年間に生まれる子供の数は1970年代前半には約200万人だったが、1974年から減少に転じ、少子化の流れが始まった。2020年は約84万人で過去最少である（図4）。

　夫婦の理想的とする子供の人数[2]は平均2.32人であるが、実際の子供の人数はそれを下回って、2020年現在の合計特殊出生率は1.34である。理由は「子育てや教育にお金がかかりすぎる」「高齢で産むのは嫌だ」「仕事に差し支える」などさまざまな背景が見えてくる。少子化問題には、結婚・出産に対する負担軽減や未婚・晩婚化への対応が求められる。

3）未婚・晩婚化

　未婚率は長期的に見ると上昇傾向が続いている。その反面、ある程度の年齢までに結婚したいと思う若者の割合は9割を超え、若者が安心して結婚できる環境の整備として、就労（安定した収入）や家事育児などへの支援が求められる。

4）離婚率の増加

　離婚率の件数は2002年がピークで、近年は減少傾向であるものの高い数値で推移している。女性は「問題のある結婚なら早く解消した方が良い」など離婚を肯定する考え方が半数を超え、男性は離婚を否定する考え方が上回るものの、肯定の割合も増加している。ひとり親家庭の増加により経済的困窮が増え、さらに単身高齢者になると精神的な不安を多く抱えることが少なくない。

1）高齢者の定義　日本老年学会・日本老年医学会では、75歳以上を高齢者の新たな定義とすることを提案している。
2）国立社会保障・人口問題研究所「第15回出生動向基本調査2015年」

図1 ── 家族構成別世帯構成割合の推移　総務省国勢調査より作成（非親族世帯を除く）

図2 ── 世帯数および1世帯当たり人員の推移（令和2年国勢調査人口集計結果）

図3 ── 高齢者人口および割合の推移（総務省統計局統計資料人口推計）

図4 ── 出生数および合計特殊出生率の年次推移　人口動態調査厚生労働省2020年

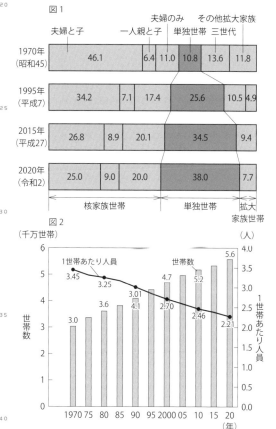

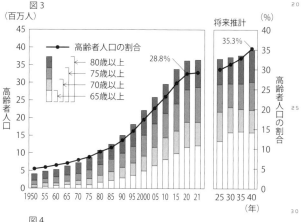

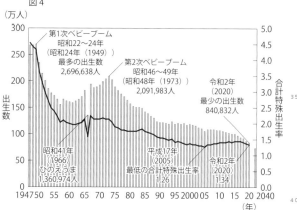

2.2　ライフサイクルと住まいのかたち

(1) 住まいのかたち

「住まいのかたち」を決める基本要素である「家族のかたち」は、主にライフステージが反映され、家族人数や年齢によって住まいや住み方が選択される。

(2) ライフサイクルと住要求の変化

ライフサイクルは家族周期ともいい、結婚に始まり、子供を産み育て成人させ、やがて歳をとり死去するまでの節目をとりあげ時系列で示したものである。核家族の住まいでは、時間の経過とともに暮らしや住み方が変化し、単独居住、夫婦居住、子世帯同居のほか、集まって暮らす居住形態など、状況に応じた暮らし方を選択していく(図5)。また現代では、人口は減少しているものの、総住宅数は増加の傾向で推移している。子供の独立後に実家が空き家になる場合も多く、空き家の増加が問題になり、その管理・活用が求められている。

(3) ライフサイクルの変化

ライフサイクルは、生活者の価値観によるライフスタイルの多様化に伴い、変化の様相を示している。1965年は、1970年まで続いた「いざなぎ景気」の始まりで3Cといわれたカラーテレビ、クーラー、カー(車)が家庭に普及していった。女性は結婚し子供

図5 —— 家族の変化と住要求
　　　LDK (居間・食堂・台所)、BR (寝室)、CR (子供室)

図6 —— 家族のライフサイクルの変化
表1 —— ライフステージ I ～VIIの期間 (2015年)

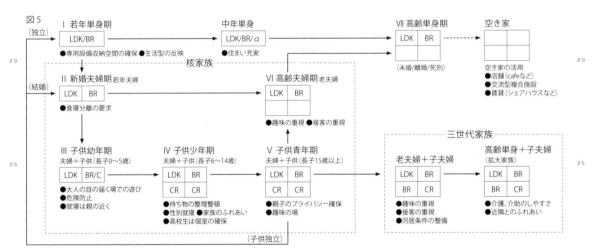

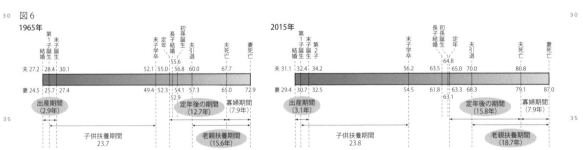

表1

2015年 ライフステージ （女性）	I 若年単身期	II 新婚夫婦期	III 子供幼年期 (0～5歳)	IV 子供少年期 (6～14歳)	V 子供青年期 (15歳～)	VI 高齢夫婦期	VII 高齢単身期
期間	～29.4年	1.3年	6.8年	12.0年	14.1年	15.5年	7.9年

を産み育て、夫の定年・引退を経て、暮らしを楽しむ期間も少なく高齢単身となった。2015年では、結婚年齢が上昇し、出産人数は減少するが、子供青年期は長くなった。定年後の期間も長くなり、その暮らしの充実や生きがいが求められる（図6、表1）。

図7──家族に合わせたさまざまな住まいのプラン　縮尺 1/250

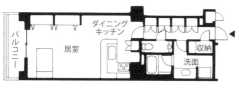

■プラン1　「ワンルームマンション」
当初若年層向けに6畳1間をイメージして開発されたワンルームマンションは、居室の面積を拡大した小家族向け、グレードを高くし上質な暮らしを提供する未婚中高年向け、ユニバーサルデザインを強調した高齢者向けなど、ライフスタイルに対応したさまざまなバリエーションが用意されている。

■プラン2　「ユニバーサルデザイン対応マンション」
高齢者が夫婦または単独で住むための工夫があり、利便性や老後の豊かな暮らしを追求した住まいである。バリアフリーはもちろんのこと、安全や健康への配慮が徹底されている。

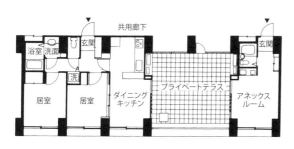

■プラン3　東雲（しののめ）キャナルコートCODAN「プライベートテラスをもつアネックスルームのあるプラン」（設計：伊東豊雄建築設計事務所、2003年）
アネックスルームは、親の仕事や趣味の部屋または独立性の高い子供部屋として使える。老親と中高年の子供の同居の場合は、メインルームとアネックスルームはプライベートテラスを介してほどよい距離感で暮らせる。

■プラン4　「市川の家（複合世帯）」
（2世帯・3世代居住、設計：飯村和道）
玄関を2カ所設け、中庭を介して親世帯と子世帯が向かい合い、庭越しにコミュニケーションがとれる。将来、親の要介護に備えて、親世帯の寝室に子世帯へと通じる扉を設けている（家族構成：母＋息子夫婦。孫は独立）。

2.3　ライフサイクルと住み方の変遷

(1)ライフサイクルの変化に対応した住まい

　住まいは、時間の流れとともに住人の年齢が変わり、住み方も変化していく。ライフサイクルの変化に合わせて、住み替えていく考え方がある一方で、変化に対応し長く住み続けようという考え方の住まい（SI：スケルトンインフィル）[3]がある。深刻な環境問題を抱えた現代では、このようなライフサイクルの変化に柔軟に対応できる長寿命の住宅が求められている。

　ここでは、鉄筋コンクリートを主構造にし、内部は住み方の変化に沿って自由にリフォームしやすいようにつくられたSI住宅を取り上げ、その暮らしの変遷とライフサイクルに対応させながら住み続けていく具体的方法を探る。

(2)住み方の変遷

　図8に示す住まいは、東京の下町・江東区に1980年、RC造3階建2世帯住宅として建てられた。そのきっかけは、父親が死亡し単身になった母親と息子夫婦が同居するためであった。1階は母の住まいで、2〜3階は息子夫婦と2人の子の住まいである。息子世帯では当初、子供が小さく生活のほとんどがLDKで行われていた。成長とともに生活の場が拡大していったものの、LDKが暮らしの中心であることに変わりはなかった。母の住まいは、母が死亡した後に増築し、定年を迎えた息子の仕事部屋となった。息子夫婦は、将来、家を離れ独立している子供が所帯をもった時、この家に戻ってきて再び2世帯の生活ができないかと思っている。

　3）スケルトンは骨組・骨格のことで耐久性の高い構造にし、インフィルは内装・設備のことで自由にリフォームができるようにつくるもの。ライフサイクルに応じ、住み方の変化に対応できるようにしておく長寿命住宅の考え方（p.28図4〜5）。

図8——ライフサイクルの変化に伴うリフォームの事例

1980年　竣工時　2世帯

母65歳
息子夫婦（夫30歳・会社員）＋（妻28歳・会社員）＋子（女4歳、女2歳）
母が仕事をもつ息子夫婦に代わって、孫の世話や家事をこなすなど、母と息子世帯のコミュニケーションは密度の濃いものだった。
息子世帯のリビングには、子が習い始めたピアノやおもちゃが持ち込まれ、子供部屋と化している。

G 納戸
季節外の物をしまっている。

F 屋根裏部屋
客用寝室など多目的に使用。

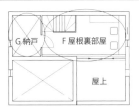

屋根裏部屋

E 主寝室
寝る時しか使わない。

D 子供部屋
寝る時しか使わない。出入口を2カ所設けたが一部屋として使用。2段ベッド、学習机、洋服だんすがある。

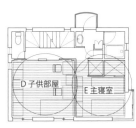

3階 主寝室・子供部屋

C 息子世帯のLDK
接客、食事、団らん、くつろぎ、子の勉強、ピアノ練習、妻の仕事などすべてここで行う。

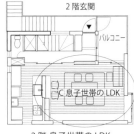

2階 息子世帯のLDK

B 母の寝室
鏡台、たんすがあり、着替、化粧なども行う。

A 母のリビング
日中はここで過ごす。

1階 母の住まい

10〜20年後　2世帯	25年後〜	将来…
母（要介護） 息子夫婦（夫・会社員）＋（妻・会社員）＋子（女2人）＋ペット（犬） 母が身体機能の低下と認知症を患い介護が必要になったため、手すりを付けバリアフリーにした。子が個室を望んだため、壁を背に配置していたシステム家具を中央に配置し、部屋を仕切った。ペットの犬を飼い始め、ケージなどペット用品がリビングに置かれた。さらに、リビングにパソコンが持ち込まれ、弾かなくなったピアノは屋根裏部屋（4階）に移動した。	息子夫婦（夫・会社員）＋（妻・会社員）＋ペット（犬）（子2人は独立） 母が亡くなり、主がいなくなった1階は、定年を迎える夫の仕事場・事務所（SOHO）にした。2人の子が各々独立したため、子供部屋は以前から妻が希望していた妻の仕事部屋兼寝室にした。これにより夫婦別寝室となった。	息子夫婦は、将来は子夫婦と2世帯で暮らすことを希望している…。

G 納戸

F 夫の書斎
パソコン、テレビなどを持ち込んで夫が自分の部屋にし、ここで過ごす。弾かなくなったピアノを置き、時々夫が練習する。

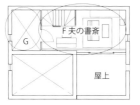

屋根裏部屋（夫の書斎）

G 納戸

F 多目的に使用

屋根裏部屋（多目的室）

F 多目的室
夫の書斎を多目的室に模様替。

E 主寝室

D 子供部屋
個室を希望したため中央に家具を置き仕切った。就寝用にロフトを設け2段ベッドは手放した。

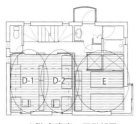

3階 主寝室・子供部屋

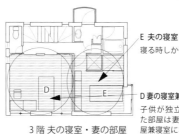

3階 夫の寝室・妻の部屋

E 夫の寝室
寝る時しか使わない。

D 妻の寝室兼仕事部屋
子供が独立し、空いた部屋は妻の仕事部屋兼寝室になった。

C 息子世帯のLDK
子の希望でペット（犬）を飼う。ほとんど使用しないカウンターの下にケージ。パソコンを設置。

2階 息子世帯のLDK

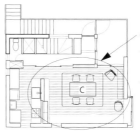

2階 息子世帯のLDK

C 息子世帯のLDK
床座で家具を置かない生活をしていたが、ひざの故障から椅子座を導入した。

息子夫婦が使用していた2階以上の部屋は結婚した子夫婦に住んでほしいと思っている。

A＋B 母の部屋
介護が必要になり介護用ベッド、携帯トイレ、車椅子を導入。襖を取り払いワンルームで使用。

1階 母の住まい

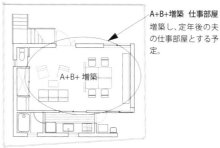

1階 SOHO事務所

A＋B＋増築　仕事部屋
増築し、定年後の夫の仕事部屋とする予定。

息子夫婦が高齢になり、仕事をリタイアしたら1階に住みたいと思っている。

2.4　働き方とライフスタイル

(1)ライフスタイル

　人の生き方は、生まれながらに所属する社会や時代の生産と消費、労働と生活のあり方により、個人の価値観・嗜好・ものの見方として心身に刷り込まれて多様な生活様式となっている。

　現代のライフスタイルを、その背景にある働き方を通して理解することが必要である。

(2)働き方

　働き方には自らが事業を営む自営業や企業に勤めて給料を受け取る会社員などがあり、雇用形態には正社員、契約社員、派遣・パートやアルバイト社員などがある。バブル経済の崩壊以降、低賃金のパートや派遣労働者を雇用する動きが強まり、民間企業に勤める勤労者のうち非正規社員の占める割合が増加している。その主な理由は、男女ともに「自分の都合のよい時間に働きたいから」が最も多い。次いで男性は「正規社員の仕事がないから」、女性は「家計の補助・学費を得たいから」「家事・育児・介護などと両立しやすいから」と続く。また第1次ベビーブーム（1947 〜 49年生）の「団塊世代」の高齢化により、65歳以上の就業者のうち非正規雇用者の占める割合は75%を超えている。

(3)働き方改革

　1960年代の高度経済成長期には毎日のように残業し、働けば給料が増え、家庭より仕事を優先する生活が一般的だった。しかし、バブル景気が後退した1991年頃から、時間外労働など働き過ぎによる過労死、労働時間と賃金が見合わないこと、健康障害リスクなどが問題になった。また、少子高齢化に伴う生産年齢（15 〜 64歳）人口の減少や、育児と介護を両立するための働き方ニーズの多様化など、働く人々の事情に応じた働き方が求められるようになった。このような社会の要求を実現するための法律、「働き方改革を推進するための関係法律の整備に関する法律」（略称：働き方改革）[4]が定められ、2019年以降順次施行されている。

(4)女性の働き方

　1986年の男女雇用機会均等法[5]施行から20年が経過した2007年、ワーク・ライフ・バランス憲章が制定され、個人のライフスタイルやライフステージに応じた多様な働き方の実現を目指し、さまざまな取組が模索された。子育てしながら自宅で仕事を行う在宅勤務や労働時間を短縮した時短勤務など、自身のライフスタイルに合わせた働き方が選択できるようになってきた。また、経済的な不安定感が女性の就労を促進する側面もあり、雇用者数に占める女性の割合は増加の傾向で、働くことを希望する女性は今後も増加すると思われる（図9）。

　職場や家庭生活において仕事も子育ても両立させ、安心して活動するための環境整備が急務であり、内閣府では女性が家庭、地域、職場等あらゆる場で能力を発揮できるよう女性の活躍推進に向けた取組を促すとしている（男女共同参画）。

(5)男女格差

　日本の企業の多くでは、幹部を男性が占め、男女の賃金格差は大きく、政治分野でも女性議員の割合が少なく、意思決定の場への女性の参加は多くない。世界経済フォーラム[6]が2021年に公表したジェンダーギャップ指数（経済、政治、教育、健康の4分野から作成された男女格差を測る指数）では、日本の総スコアは0.656（0が完全不平等、1が完全平等）で、156か国中120位となり、先進国中最低レベルで韓国や中国よりも低い。社会的な立場における平等を表すジェンダーレスに対する意識を高めることが男女格差を解消に向かわせることとなるだろう（表2）。

(6)食の外部化

　ファミリーレストランやファストフードは1970年代に急激に増加し「外食」の大衆化が始まった。80年代はコンビニエンスストアが社会に定着して、家庭の食事は、加熱調理された食材を購入し家で食べる「中食」が増加し、家で手づくりする「内食」

が減少するなど食卓の様子が変化している。その背景には、調理時間の短縮や家事負担を軽減したい人が増加したこと、単身居住者、高齢者の増加などがある。また、感染症の予防対策などもあり、デリバリーサービスが注目されている。電話やインターネット注文で店の料理が届き、ネットスーパーが弁当や総菜の宅配を提供するなど、自宅にいながら調理済みの料理を受け取ることが可能となった。

　女性のライフスタイルは、食の一部を外部化することで家事労働の負担が減少し、仕事への取組み方、出産、子育て、趣味のもち方などに影響していった。

(7) 移住・二地域居住

　1960年代の人口の都市集中で過疎化していった地域の活性化が急務となった2014年、「まち・ひと・しごと創生本部」が内閣に設置され、就業の機会の創出など地方を魅力ある地域にしようとする政策が展開された。また2020年、新型コロナウイルスの感染拡大により人との接触を抑えることが望ましいとされ、働き方の一つとしてテレワークが推奨された。毎日の職場への通勤が前提とならず、必ずしも首都圏に住む必要がなくなり、自分のライフスタイルに合わせて生活拠点を最適な場所にもつことの可能性が高まった。

　また、都心と郊外あるいは地方の2つの生活拠点をもつ「二地域居住」[7] などが、生活を積極的に楽しみたい人たちに、多様なライフスタイルを実現する手段として注目されている。

4) 働き方改革関連法（略称）では、残業時間上限の規制、有給休暇の取得、フレックスタイム制により子育てや介護しながらでも働きやすくする、企業内で正規・非正規雇用の不合理な待遇などの格差解消、高齢者の就労促進などをあげている。
5) 雇用の分野における男女の均等な機会及び待遇の確保等に関する法律
6) 世界経済フォーラム（WEF）は、世界や地域的な経済問題に取り組み、政治、経済、学術などの指導者の交流促進、世界情勢の改善を目的として1971年に発足した。毎年1月にスイスで年次総会（ダボス会議）が開催される。「世界競争力報告書」「世界貿易円滑度報告書」「世界ジェンダーギャップ報告書」など比較調査を発表している。
7) 二地域居住を促進するため、国土交通省が2021年に、全国二地域居住等促進協議会を設立した。都市部の住民が地方にも生活拠点をもつことで、地域コミュニティへの参加や社会参画・協働など地域づくりの担い手となり、地方への移住や地域人口の増加につなげたいとしている。

図9 ── 雇用者数および雇用者総数に占める女性の割合の推移（厚生労働省 令和2年版働く女性の状況）2020年の雇用者数は、5973万人で、雇用者数に占める女性の割合は45.3%、女性の雇用者数は2703万人となった。
表2 ── ジェンダーギャップ指数上位国および主な国の順位（2021年 G7各国の比較 共同参画令和3年5月号）

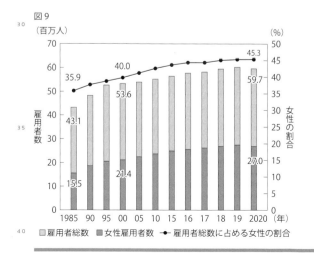

図9

表2

順位	国　名	値	前年値	前年からの順位変動
1	アイスランド	0.892	0.877	―
2	フィンランド	0.861	0.832	1
3	ノルウェー	0.849	0.842	-1
4	ニュージーランド	0.840	0.799	2
5	スウェーデン	0.823	0.820	-1
11	ドイツ	0.796	0.787	-1
16	フランス	0.784	0.781	-1
23	英国	0.775	0.767	-2
24	カナダ	0.772	0.772	-5
30	米国	0.763	0.724	23
63	イタリア	0.721	0.707	13
79	タイ	0.710	0.708	-4
81	ロシア	0.708	0.706	―
87	ベトナム	0.701	0.700	―
101	インドネシア	0.688	0.700	-16
102	韓国	0.687	0.672	6
107	中国	0.682	0.676	-1
119	アンゴラ	0.657	0.660	-1
120	日本	0.656	0.652	1
121	シエラレオネ	0.655	0.668	-10

2.5　ライフスタイルと住まいのかたち

(1) 集まって暮らす

前述した現代生活が抱える諸問題点を克服する可能性をもつ住まいのあり方が模索されている。

1) シェアハウス

リビングやキッチン、浴室などを共有する共同生活のスタイルで、家族向け住宅を複数人（当初は7個室）で賃借して費用を節約するという考え方から生まれた。家族ではない同居人という新たな人間関係が若い層を中心に注目されている。

シェアハウスは既存住宅の転用やリノベーションが多いが、図10は新築である。道路に面した巨大な半透明のテント膜が1階から3階までを包み込みながら、内と外とを緩やかに結び付け、イベントの開催が可能な玄関部分は、外部へも開いている。また、建築面から、住民同士の積極的な対話を生み出す手がかりとして、各々の部屋が内部にのみ閉じないように工夫され、2階踊り場の共用図書スペースなど、住人同士のコミュニケーションの場が用意されている。

2) コレクティブハウジング

北欧スウェーデンなどで1970年代から、働く女性問題や環境問題、家事労働の負担軽減や共同保育などをテーマに、住民参加と共生の理念を基に推進された暮らし方である。日本で初めてつくられたコレクティブハウスは元日暮里中学校の跡地に建てられた複合施設「日暮里コミュニティーハウス」の一角にある「かんかん森」である。既成の家族概念、血縁関係によらない共同生活のスタイルは、単身者や核家族ではもてない時間、空間、経済面のメリットを享受でき、居住者の自主的な運営による日常の共同作業を通じて助け合い、豊かな人間関係が形成され、より自由に、楽しく、安心安全に住み続ける暮らし方を示している（図11）。

3) 高齢者向け住宅および施設

高齢者が安心安全に健康寿命を延ばし、自分らしくアクティブに生きられるようにサポートを提供する高齢者向け住宅が提供されている。また、介護が必要になった場合でも、特別養護老人ホームなどの公的施設に加えて、サービス付き高齢者向け住宅や有料老人ホームなど、さまざまな民間の施設があり、ライフスタイルや家族の状況などを踏まえて、暮らし方が選択できる（表3）。

(2) スモールオフィスの住まい（SOHO）

事務所や店舗を併設した住まいをSOHO（Small Office Home Office）という。図12は、1階に住宅と診療所の入口を別々に設けた夫婦と子供4人の住まいである。2〜3階が住宅、地階が診療所と納戸で、生活の場と仕事の場のフロアを分けることで区切っている。生活の場はオープンな空間にし、家族のライフサイクルに応じて使い分けて対応していく。

(3) ペットとの住まい

2000年前後からのペットブームは、ペット共生住宅、猫や犬を飼育する居住者専用マンションやペット同伴可のホテルの登場を促した。ペットを家族としてとらえ、「気持ちが和らぐ」などの理由で、単身居住者や子供がいない夫婦、子供が独立したシニア夫婦、テレワークで在宅時間が長い人などにペットを飼う傾向が見られる。

(4) 趣味と住まい

自分らしさを追求する現代人の趣味への取組は、住み方を特徴づけるものである。図13はコンサートもできる音楽室を兼ねたサロンのある家で、1階に絵画制作のためのアトリエを備えている。音を発する部分の天井は南を高く北に低い断面構造となっている。音漏れを防ぐために二重サッシにするなど、近隣に配慮しながら趣味を楽しむための工夫が施されている。

図10 —— シェアハウス「SHARE yaraicho」（設計：篠原聡子＋内村綾乃／空間研究所＋Astudio 2014年日本建築学会賞（作品）縮尺1/300

図11 —— コレクティブハウス「かんかん森」2階平面図（基本設計・設計監修：NPOコレクティブハウジング社、2003年）縮尺1/700

図12 —— SOHO（診療所兼住居）（「チュウクウ」設計：城戸崎和佐建築設計事務所、2002年）縮尺1/500（3階は124頁参照）

図13 —— 音楽室兼サロンのある家（「サロンの家」設計：片山和俊＋DIK設計室、2002年）縮尺1/300

表3 —— 主な高齢者施設

図10

1階平面図　1/300

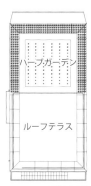

2階平面図　　3階平面図　　R階平面図

図11

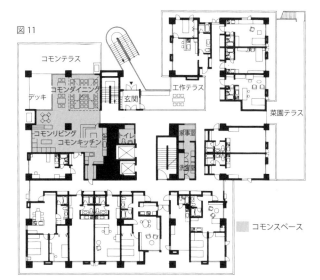

コモンスペース

図12

2階　寝室と水回りのワンルーム（132㎡）
10mの長さに浴室、洗面、トイレ、洗濯機が直線に並ぶ。家族共有の雑学室が中央にとられている。

1階　診療所と住宅の入口と駐車場（94㎡）
住宅の玄関から吹抜を介して働く母親の姿を見ることができる。

地階　納戸と診療所（121㎡）

3階ワンルームのLDKは9章付録①参照

表3

公的施設	軽費老人ホーム（ケアハウス）	一般型は家事などの生活支援サービスが提供され、介護型は生活支援と介護サービスが利用できる
	特別養護老人ホーム	要介護3以上の認定を受けた人が対象で、低価格でサービスを受けることができ、看取りまで対応する
	介護老人保健施設（老健）	要介護1以上の人で、退院後、自宅復帰のリハビリを目的として、原則3ヶ月滞在できる施設
	介護医療院（介護療養型医療施設）	医師や看護師が常駐し、医療ケアが必要な人に対応する施設。長期的な入院が可能
民間施設	介護付き有料老人ホーム	食事、清掃、身体介護、リハビリなどのサポートが受けられ、介護保険サービスが定額で利用できる。
	住宅型有料老人ホーム	自立から要介護まで幅広く入居可能で、入居者に適したサービスが受けられる
	サービス付き高齢者向け住宅（サ高住）	サ高住とも呼ばれ賃貸借契約で入居する。一般型と介護型があり自由度の高い生活が送れる
	認知症対応型共同生活介護（グループホーム）	認知症の人が少人数で共同生活を送りながら、専門職員からのサポートが受けられる

図13

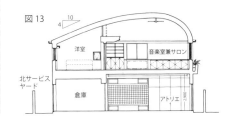

3 住まいから都市へ

京都の町家は、外と内を仕切る格子、店と暮らしをつなぐ通り庭、中庭の光と風などに独特の文化が感じられ、軒は連なり瓦はリズムを刻み、美しい街並を形成していく。路地は常に掃き清められ、簾が西日を遮り、夏には打水が涼しさを誘い、祭の時には格子がはずされて街と住まいは一体となる。住まいは安全・健康や効率・快適性を確保しながらも、近隣や街へと連なり、都市の空気を呼吸することができる。

祇園の街並（京都）

3.1　世界の住まい

(1)住まいの始まり

　私たちの住まいは、19世紀から現代にかけての産業の発展と社会の近代化により、大きく変化を遂げて、現在の住宅と都市になった。一方世界には、自然発生的で土着的・風土的な住居や集落が存在し、現在も住まわれている。長い氷河期が過ぎて農耕と牧畜が始まると（約1万年前）、人類は定住して住居と集落をつくり始めた。

(2)住まいの原型

　住まいの原型は、洞窟、土・石・木・皮などの身近な材料を用い、安全で快適な生活の場を求めてつくられた。また安産と豊穣を祈り、神を祭るために、時には巨石を積み上げ、巨木を遠方から運び、神の住まいをも築いてきた。世界には、自然（気候・風土）や文化（民族・歴史）の違いにより、多様な住居や集落を見ることができる（図1、2）。

1)ラップキャンプ(木・架構式／古来の伝統住居)

　北極圏の狩猟民ラップ人は、春秋には白樺材の垂木で組んだ屋根に土をのせたキャンプで過ごし、食物は高床式の貯蔵庫に保存した。

　円錐状の垂木屋根を伏せた初期の架構式住居は、規模・構造も似たプランが、世界各地の竪穴住居に見られ（アジア・ヨーロッパ・アメリカ、わが国では縄文時代早期約1万年前以降）、このほかアメリカ先住民のティーピー、ベネズエラのチェルアタなども類似の住居である（付録参照）。

2)高床住居(木・架構式／古来の伝統住居)

　熱帯の海沿いでは、通風・防湿、洪水や蛇・害虫対策のため高床住居が多い。タイ・バンコクの運河沿いの住居では、熱帯の酷暑に対して水面が冷房装置の役割を果たしている（図2）。

　高床を架構して保存・防御に利用する例は、ねずみ返しや刻み階段なども含めて、寒帯から熱帯まで木材のある所に数多く存在している。

図1 —— 世界の住まいの特徴と分類

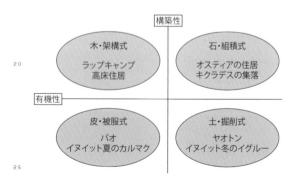

構築性

| 木・架構式
ラップキャンプ
高床住居 | 石・組積式
オスティアの住居
キクラデスの集落 |

有機性

| 皮・被服式
パオ
イヌイット夏のカルマク | 土・掘削式
ヤオトン
イヌイット冬のイグルー |

3）オスティアの住居（レンガ組積式 / BC4C頃）

古代ローマの外港として栄えたオスティアは、住宅、店舗、コロシアムなどを石の舗装道路がつなぐ、都市遺跡である。図2の3階建住宅は、店舗併用住宅の遺構として知られ、1階はバーや客席、中庭・噴水にトイレなども備えた飲食店、2階以上は住居であった（6階建も存在した）。

石を組み、積み上げて住居とする西欧・西アジアでは、レンガ・日干レンガの組積式構造も加えると、ピラミッド（約4800年前）やエーゲ海キクラデスの島々の石灰で純白に塗られた石灰岩積住居、パキスタン・モヘンジョダロ遺跡（約5000年前）など、古くから広く行われた住居と集落の構法が現在まで受け継がれている。

4）ヤオトン（土・掘削式 / 古来の伝統住居）

乾燥する黄土平原で農業を営む中国西部の住まいと集落である。夏は暑く冬は寒い風土において、地下空間は快適な環境を与えてくれる。掘削した中庭から四方に横穴を掘り、中庭から採光・通風を得る。

岩や土の中は自然のシェルターとして、動物も利用する。古くは6000年以前、石灰岩の洞窟に壁画が描かれたスペイン北部のアルタミラ洞窟（後期旧石器時代）、フランスのラスコーや中国の周口店洞窟もホモサピエンスの遺跡とされる。

5）パオ（皮・被服式 / 古来の伝統住居）

モンゴルのゲルは、日本では「包」と呼ばれる。2～3人・1時間で設置・解体できる。呼称のとおり、羊毛のフェルトで全体を円形に覆っているが、夏は壁際の裾をめくって通風をとり、冬はフェルトを重ねるなどにより防寒する。

身近な皮革を大きい被服のような住居にする例として、砂漠の隊商の民ベドウィンは、遊牧する駱駝や羊の皮を天幕住居に使い、極寒地のイヌイットは、遊牧するトナカイや食料とするアザラシの皮を用いて夏の住居カルマクをつくる。

図2 ―― 世界のさまざまな住居

ラップキャンプ（フィンランド）　日本の竪穴住居と高床倉庫に似た外観をもつ。

タイの水上住居　ピロティ部分は水没している。

オスティアの住居　外観と内部（イタリア、AD150年頃）　古来から人類は石積で家をつくってきた。右下はバーカウンターと造り付椅子

キクラデスの集落（ギリシャ）　自然の地形を利用した地中海性気候に合った住まい

ヤオトン（中国）　中庭から横に広がる地下住居

パオの外観と内部（モンゴル）　移動式の住居。直径は身長の2倍が目安

3.2　現代の都市住宅

（1）都市における住宅の現在

　現在の住環境は、20世紀後半からの科学・技術の変革と都市化の進展、急速な高齢化と情報化などにより、新しい変化の時代を迎えている。今後の暮らしのあり方を示す住宅として、次のような住まいが注目される。

　①高齢社会に対応する住まい：ユニバーサルデザイン住宅など（2章）、②ライフスタイルの多様化に対応する住まい：コーポラティブハウス、SI住宅、SOHOなど（2章）、③地球環境問題に配慮した住まい：環境共生住宅など、④地域環境問題に配慮した住まい：郊外型・都心型の戸建住宅と集合住宅、景観法への対応など。

（2）多様化するライフスタイルへの対応

1）コーポラティブハウス

　住む人が組合をつくり専門家と相談しつつ集合住宅の企画、土地取得、建築設計・施工を実現するもので、区分所有型、定期借地型等の方式がある。分譲マンションと異なり、住み手の意見やデザインを優先でき、生活面での協力も期待されている。

　ミドリノオカ学芸大学は、変形敷地にRC壁構造でコモンスペースの屋上広場をもつ集合住宅である。企画会社と複数の設計者の協力でさまざまなデザインのバリエーションを実現している（図4）。

2）SI住宅

　長期の耐久性を必要とするスケルトン（基礎・柱・梁・床スラブ・屋根・パイプスペース（PS）等）と新しいデザインや技術が求められるインフィル（内装・設備機器等）に分離した住宅工法である。建物の長期使用に耐え、かつ最新の仕上や設備を備えることができる。図4のコーポラティブハウスはSI住宅の応用例でもある。

　NEXT21は、鉄骨ラーメン構造のスケルトンに

図3──コーポラティブハウスができるまで
図4──ミドリノオカ学芸大学（設計：末光弘和＋末光洋子 /SUEP）
図5──SI住宅の概念図　グレーの部分はスケルトンで中身のインフィル（●印）を入れ替える。床を二重にして配管・配線を納めることもある。
図6──未来型実験集合住宅 NEXT21（大阪ガス、1993 年）

図3

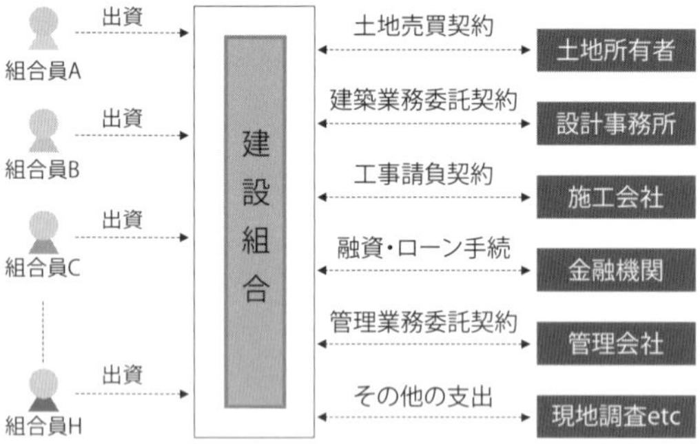

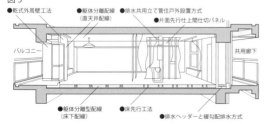

```
組合員A  出資 →
組合員B  出資 →        建       土地売買契約 ←→  土地所有者
組合員C  出資 →        設       建築業務委託契約 ←→ 設計事務所
組合員H  出資 →        組       工事請負契約 ←→  施工会社
                       合       融資・ローン手続 ←→ 金融機関
                                管理業務委託契約 ←→ 管理会社
                                その他の支出 ←→  現地調査etc
```

図5

●乾式外周壁工法　　●躯体分離配線（直天井配線）　●排水共用立て管内戸外設置方式
　　　　　　　　　　　　　　　　　　　　　　　●片面先行仕上間仕切パネル
バルコニー　　　　　　　　　　　　　　　　　　　共用廊下
●躯体分離型配線（床下配線）　●床先行工法　●排水ヘッダーと緩勾配排水方式

図4

図6

多様な住戸を配置し、屋上緑化やビオトープ、熱と電気を得られるコ・ジェネレーションなど、環境との共生を図る先駆的な実験住宅である（図6）。

（3）地球・地域環境問題への対応
1）環境共生住宅

地球環境を守り、持続可能な循環型社会を実現するため、計画、建設、居住、改修、廃棄など各段階における環境負荷を（ライフサイクル全体で）最小限に抑え、自然エネルギーの活用、リサイクル可能な建材を使用するなど、自然環境や地域景観との調和に配慮した住宅である（図7）。

早期のモデルとして、前述のNEXT21のほか、深沢環境共生住宅がある。東京世田谷区に福祉施設を併設する建替として計画され、**環境共生技術**（風力・太陽光発電、太陽熱給湯、雨水利用）を採用し、通風を考慮した住棟配置や生態系に配慮したビオトープなどが試みられている（図8）。

2）景観法

都市や農漁村における良好な景観の形成を図る（図9）ために、景観計画の策定、景観計画区域・地区における規制などを行う目的で2004年に制定された。景観法、都市緑地保全法の改正法、関係法令の整備法を合わせて、**景観緑三法**と呼ぶ。

図7── 環境共生住宅 「地球にやさしい（脱炭素社会）」「まわりの環境と親しむ」「健康で快適である」住宅の普及を目指しており、これに適した住宅部品のデータベースもつくられている（中央の写真は世田谷区深沢環境共生住宅）。

図8── 世田谷区深沢環境共生住宅のシステム概念図（設計：岩村アトリエ、1997年）
図9── 景観デザインコントロール 建築の外部空間をデザインするルールを地域で定めて、美しい景観形成を図る。

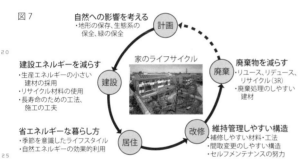

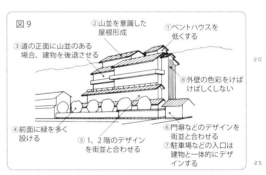

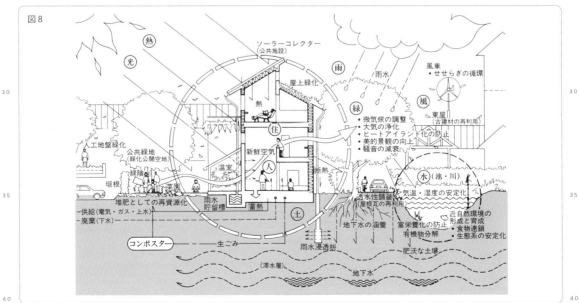

3.3　現代の戸建住宅　自然や近隣との関係の工夫

(1)戸建住宅の計画のポイント

　都市の居住環境は、**用途地域**により低層～高層住宅用、商工業用などに分けられ、建てられる建物の種別が制約される。建ぺい率や容積率の限度は、郊外では低密度に、都心では高密度に設定されている。

　都心は、便利であるが日照や空気などの環境が問題となりやすく、郊外は、地価が安いので敷地が広くとれ、自然に恵まれているが、通勤時間がかかったり、社会的な施設が未整備な地域もある。

　戸建住宅の計画における共通のポイントは、道路と敷地、敷地に対する建物の配置、近隣・地域への気配りなどコミュニティーへの配慮、採光と通風を得るための環境確保などの計画である。

(2)配置計画の考え方

　敷地は必ず道路に接するが、道路との関係（道路付け）から3タイプに（図10）、また、建物との関係（配置プラン）からは6タイプに大別され（図11）、それぞれ庭や日照のあり方が異なる。

　カーポートは、車の出入のしやすさだけでなく（図12）、住宅の印象を決める外観やアプローチ、庭のとり方とも係わり、配置計画上重要である。

(3)プライバシーとコミュニティー

　門や塀、カーポートは、近隣関係の第一歩である。塀は、敷地内のプライバシーを守るために設置するが、高いブロック塀や万年塀よりも、人の気配や四季の趣が感じられる生垣が好ましい。カーポートは、音や排気などを抑えるよう工夫し、

図 10 —— 敷地と道路の関係
図 11 —— 敷地に対する住宅の配置の類型
図 12 —— 平行駐車と直角駐車

図 10

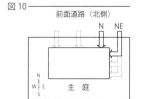

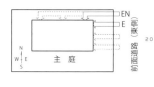

前面道路北側（東西反転可）
①北側 N または北東側 NE にアプローチ（門～玄関）がくる。
②主庭のプライバシーは保たれるが、玄関回りが暗くなりやすい。
③南北側開口部は開放的にできる。

前面道路南側（東西反転可）
①南側 S または南東 SE にアプローチがくる。
②主庭は道路・アプローチから視覚的に独立しないが、玄関回りは明るい。
③南側開口部は開放的にできる。

前面道路東側（東西反転可）
①東側 E または北東側 NE にアプローチがくる。
②主庭のプライバシーは保たれるが、玄関回りが暗くなりやすい。
③南側開口部は開放的にできる。

図 11

1列型配置
建物を北側に寄せ、南側に庭をとり日照・採光と通風を得る。最も一般的だが、北側の部屋は、環境が悪くなりがち。

集中型配置
敷地中央に集中して建物を配置。周囲に開放的な空間ができる特殊な配置。

L字型配置
庭を囲むようにL字型に建物を配置。一般的配置で、周囲に開ける方向と閉じる方向が生まれる。

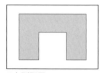
U字型配置
庭を囲むようにU字型に建物を配置。南側に開き、東西北の3方向に閉じる。

O字型配置
建物を庭で囲む配置。中庭から日照・採光・通風を得るが、周囲に対しては閉鎖的。

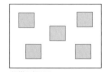
分散型配置
敷地内に分割した建物を分散配置。独立した部屋を敷地内に置く特殊な配置。

図 12

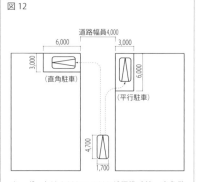

カーポートは 3,000 × 6,000 が標準寸法。直角駐車は道路幅員が 4m 以上あるとよい。平行駐車は、カーポートの前後が 8m 以上あると車庫入れが楽である。
車の最大寸法は、小型車（5ナンバー）は 1,700 × 4,700、主要な 3 ナンバーの乗用車は 1,900 × 6,000 程度である。

近隣に配慮したい。

　窓や出入口には、防犯や視覚的プライバシー確保が求められるが、地域と交流する窓としての配慮も必要である。防御的になりすぎて、閉鎖的なプランにならないように注意したい。適度にオープンな計画は、防犯にもつながる。なお民法では、敷地境界から100cm以内の位置にある窓は、隣家を覗けないよう目隠しをする規程がある。

（4）環境の確保：採光・通風・換気

1）斜線制限

　斜線制限は、隣地や道路に対する日照・採光・通風の確保のために建築基準法で規定されたものである（10章付録参照）。

2）日照・採光、通風・換気、騒音

　都心では建物が高密度に立ち並び、高層ビルにより環境が悪化しやすい。通風・換気は壁面からとれる（図13）が、騒音も入ってくるので対策が必要なこともある。また、隣地との距離がないため、日照・採光の確保は難しい。壁面上部のハイサイドライトや屋根のトップライトから採光することも多いので、その種類と効果を示す（図14）。

（5）郊外型戸建住宅

1）L字型コートハウス（加藤邸）

　コートハウスは、本来は隣家と連続し、庭をもち長屋形式で供給される接地型住宅である。図15のL字型プランの戸建住宅は、周囲に住宅が接近して並んでも庭のプライバシーが保たれるように東西面は閉じ、南北に広がるプランである。

図13 —— 通風計画の例
図14 —— トップライトとハイサイドライトの効果
図15 —— 加藤邸（設計：DEN住宅研究所、2006年）

図13

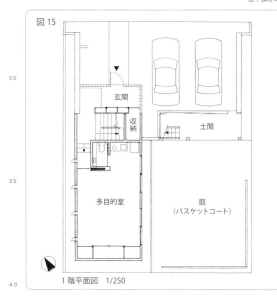

風力換気：風上と風下に2つの開口があると圧力差で通風ができる（東京では南北にあると有効）

重力換気：高さの差がある2つの開口があると通風がよくなる（煙突のように温度差で空気が流れる）

図14

①トップライト（右壁際）

部屋の右半分が明るい

②トップライト（室中央）

部屋の中央部が明るく、周辺部天井が暗い

③トップライト（両壁際）
部屋の周辺部が明るく、中央部天井が暗い

④トップライト（室中央・袖壁付）

部屋の中央部が明るく、周辺部天井が暗い

⑤ハイサイドライト（右壁上部）

部屋の左半分が明るく、窓下部が暗い

⑥ハイサイドライト（室中央・袖壁なし）

部屋の周辺部が明るく、中央部がやや暗い

⑦ハイサイドライト（両壁上部）

部屋全体が明るく、窓下部がやや暗い

⑧ハイサイドライト（右壁上部・袖壁付）

部屋全体が暗く、窓周辺の壁面からの反射光が際立つ

図15

玄関　収納　土間　多目的室　庭（バスケットコート）

1階平面図　1/250

2階平面図　1/400

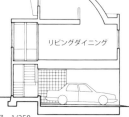

リビングダイニング　庭

断面図　1/250

ピロティの車庫を介して、庭は南北方向に、前面道路から街並へと連続していき通風も確保できる。建物の東西境界部は敷地境界線に近いので、開口部は小さめで、居室はすべて庭に面して大きく開口し、光と風を取り入れている。
庭は、前面道路・車庫より一段上がっていて、視覚的につながりながらも、防犯とプライバシーは確保されている。

2) 汎用性の高いモデルプラン (タマロッジア)

建物の一角に半屋外のロッジア空間を組み込み、生活空間をインテリア⇒ロッジア⇒敷地⇒街へと違和感なく拡張していく正方形プランである。

玄関部分を外付けにしてあらゆる道路付けの敷地に対応し、景色の良い方向にロッジアを置くよう左右対称で適応する汎用プランは、木材プレカット工法と相まって普遍性を有している。建築家とハウスメーカーの協力により大量生産のプロトタイプとして開発された (図16)。

(6) 都心型戸建住宅

1) 都心に住む (塔の家)

1960年代のアーバンスプロールは、遠距離通勤を強いる郊外狭小宅地に小住宅が林立する居住環境を見直す契機となった。塔の家 (図17) は、「都市の中心に住む」ためのひとつの解決策を提示した。

渋谷区の約6坪 (20m^2、建坪4坪、RC壁構造) の敷地にコンクリート打放しの壁、必要最小限の広さと仕上げで自立する姿は都心居住への決意が表現されている。

2) 内部に光庭を持つ (門前仲町の住宅)

江東区の3〜5階建中層集合住宅に囲まれた立地環境にある3階建2世帯住宅 (図18)。密集地では、開口部を外壁に設けても光と風は得にくく、騒音などマイナス面が多くなるので、防御的な外周壁の内側に光庭を設けて天窓による明るい居室を実現している。

図16 —— タマロッジア (設計：タマホーム＆アトリエ・ワン、2014年)

2階平面図

断面パース

ロッジア (上) と外観 (右)

1階平面図　1/300

図17 —— 塔の家（設計：東孝光、1966年）

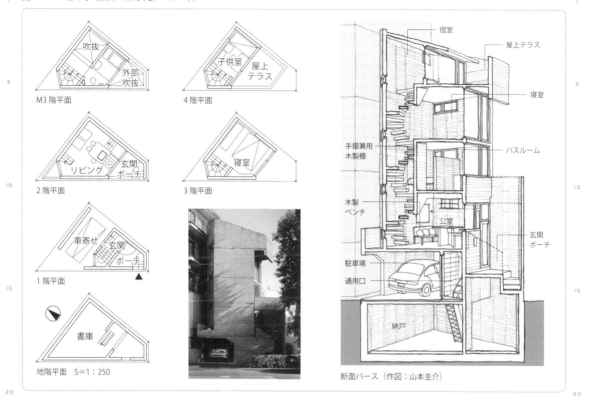

M3階平面

4階平面

2階平面

3階平面

1階平面

地階平面　S=1：250

断面パース（作図：山本圭介）

図18 —— 門前仲町の住宅（設計：一級建築士事務所・ダンス、2000年）

プラン中央の吹抜空間は屋根にポリカーボネートを使用した光庭（ライトウエル）があり、季節や天候に応じて光と風を取り入れて驚くほど明るいインテリアを生み出している。都心にあっても京都町屋の坪庭のように自然を感じることができる。

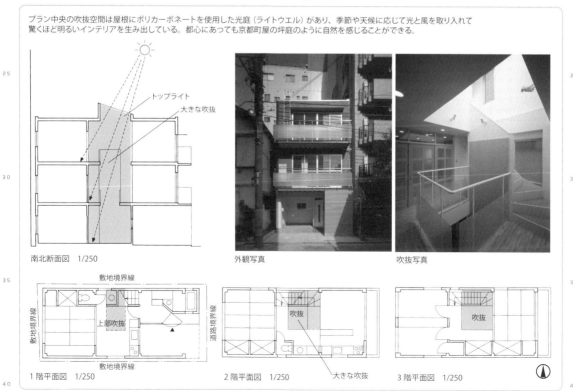

南北断面図　1/250

外観写真

吹抜写真

1階平面図　1/250

2階平面図　1/250

3階平面図　1/250

3.4　集合住宅　都心居住・高密度化への対応

(1)集合住宅の類型

　1990年代のバブル経済崩壊に続く空白の10年で地価が大幅に下落したが、東京では臨海副都心の開発があり、人口の都心集中が進み、高層・超高層の集合住宅が多数建設された。

　集合住宅には、高層の重層型と低層の接地型があり、住戸空間の断面形からフラット、スキップ、メゾネットなどがある（図19）。また、住戸へのアプローチ形式には階段室型と廊下型があり（図20）、住棟の外形からはボード状とタワー状に分類できる。それぞれにバリエーションが工夫されている。

(2)都市集住の現在

1)業務地域に住む(TOKYO TIMES TOWER)

　臨海副都心の開発、汐留・品川・大崎・恵比寿・六本木・八重洲・秋葉原の再開発、また大阪・名古屋など、現代都市では超高層ブームである。

　千代田区の商業地域に立つ超高層タワー型のこのマンションは、カーテンウォールの幾何学的なファサードはオフィスビルと変わらない。かつて丸の内は、昼間人口50万人に対して夜間は50人といわれたが、東京には24時間365日眠らない都市居住の街も誕生し、刺激的な住まいとなっている（図21、22）。

2)新しいコミュニティー(東雲キャナルコート)

　公団住宅の新しい居住イメージを目指して、都市再生機構は、江東区の16.4haの敷地に利便性と快適性を備えた大規模なコミュニティーを形成した。幼稚園・保育園や24時間営業のスーパーマーケットなどもあり、小さな街として計画されている。周囲には民間の高層マンションも建てられている（図23、24）。

　ボード状の高層住宅5棟が中庭を囲み、専用住宅、住宅兼アトリエなど、バリエーション豊富な賃貸住宅で、多様な居住ニーズに応えられる。

3)庭園バルコニーのあるビンテージマンション（ヴィラセレーナ）

　渋谷区に立つ中層マンションで、中庭を4棟の建物で囲むようなプラン（図25〜27）。中庭は光と風をもたらすだけでなく、四方に通り抜ける通路により、周辺のコミュニティーに連続する。

4)路地と小広場も暮らしの場(森山邸)

　接地型の低層集合住宅で、6戸の住宅の部屋を独立的な室空間に分解して敷地内に再配置し、間に小さな庭や路地を設けている。ヒューマンスケールのセミパブリックな空間は、居住者が日常的に生活する活きた路地空間となり、周辺地域に連続し、開放されているため、地域の活性化にも貢献している（図28〜30）。

図 19── 集合住宅の類型
図 20── 集合住宅のアプローチ形式

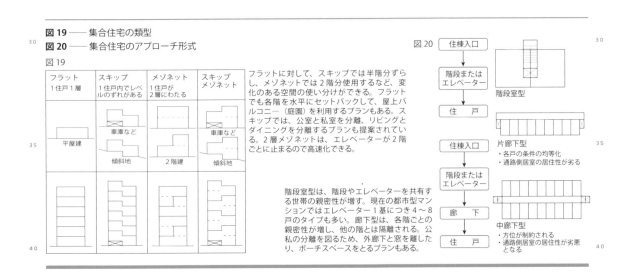

図19

フラット 1住戸1層	スキップ 1住戸内でレベルのずれがある	メゾネット 1住戸が2層にわたる	スキップ メゾネット
平屋建	車庫など 傾斜地	2階建	車庫など 傾斜地

フラットに対して、スキップでは半階分ずらし、メゾネットでは2階分使用するなど、変化のある空間の使い分けができる。フラットでも各階を水平にセットバックして、屋上バルコニー（庭園）を利用するプランもある。スキップでは、公室と私室を分離、リビングとダイニングを分離するプランも提案されている。2層メゾネットは、エレベーターが2階ごとに止まるので高速化できる。

図20

住棟入口 → 階段またはエレベーター → 住戸
階段室型

住棟入口 → 階段またはエレベーター → 廊下 → 住戸
片廊下型
・各戸の条件の均等化
・通路側居室の居住性が劣る

中廊下型
・方位が制約される
・通路側居室の居住性が劣悪となる

階段室型は、階段やエレベーターを共有する世帯の親密性が増す。現在の都市型マンションではエレベーター1基につき4〜8戸のタイプも多い。廊下型は、各階ごとの親密性が増し、他の階とは隔離される。公私の分離を図るため、外廊下と窓を離したり、ポーチスペースをとるプランもある。

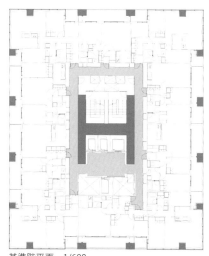

基準階平面　1/600

図 21 ── TOKYO TIMES TOWER（設計：KAJIMA DESIGN、2004 年）

現代の都心居住では、方位・日照に縛られない多様なライフスタイルへの対応が求められる。中央のコア壁（スーパーウォール）と制震装置で結ばれた屋上の梁（スーパービーム）が地震力を負担する特殊な RC 構造により、内部に柱のないオフィスビル基準階のような平面となっている。将来にわたり自由な間仕切が可能であり、各階に梁がなく超高層ならではの眺望が確保されている。

図 22 ── TOKYO TIMES TOWER 外観

図 23 ── 東雲（しののめ）キャナルコート第 II 区　住棟平面図（設計：伊東豊雄建築設計事務所、2003 年）

中廊下は直線状ではなく、路地のように入り組んだ構成。ロッジアは小広場として外気に開放されるため、明るく変化のある中廊下となり、画一化されやすい集合住宅において今までなかった多様な空間となっている。

図 24 ── 東雲キャナルコート　海を遠望する俯瞰的な模型

デザイン性が高く、森緑道公園・森海浜公園・水辺公園など憩いもあり、便利でおしゃれな都市生活のイメージを打ち出している。

図 25 ── ヴィラセレーナ外観

図 28 ── 森山邸 1 階平面図　1/400（設計：西沢立衛建築設計事務所、2006 年）

庭園バルコニー

5 階平面図　1/800

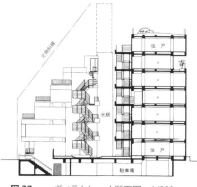

図 27 ── ヴィラセレーナ断面図　1/800

近隣への日照を配慮する北側斜線制限を生かして、上層階の住戸は屋上庭園をもつため、都心でも自然と触れ合う暮らしが可能である。

図 29 ── 森山邸外観

ボックス状の住空間は広さに合わせて天井高が調整されており、大きな窓は、高さや向きを隣棟とずらすことでプライバシーが確保できるように工夫されている。

1 階平面図　1/800

図 26 ── ヴィラセレーナ（設計：坂倉建築研究所、1970 年）

光庭の吹抜にエレベーターと階段を配置した階段室型プラン。建ぺい率 70%・容積率 300% の住居専用地域のため、30% の空地を 4 つの角に効果的に配し、地域に緑を提供。

図 30 ── 森山邸配置図

空間単位が部屋のため、周囲の住宅に比べて小さく見える。1 階はリビング、2 〜 3 階に個室が並ぶ。

4 住まいの材料と構法

古代都市アテナイの守護神である知の女神アテナを祀るパルテノン神殿は、大理石の荘重なドーリア式円柱が梁を支える架構式構造で、木造建築の祖型を留めている。ファサードは概ね黄金比により構成されている。ギリシャ神話にまつわる彫像が並び、民衆政の象徴であり、クラシック様式の原点でもある。
マラトンの戦い直後に建築が始まり BC438 年に完成した。ローマのウィトルウィウス著『建築十書』で美の典型とされ、西洋建築術の基本となり、またユネスコのシンボルマークにもなった。住まいは、材料や構法の技術が長い歴史の中で洗練された生活芸術である。

パルテノン神殿のオーダー（建築様式）

4.1　住まいの構法と施工

（1）材料と構法

　生活空間は多くの材料が適材適所に使い分けられ、構成されている。柱・壁・梁などの構造体で支え、雨風や日射などに強い外部仕上材料で屋根や外壁をつくり、室内面は居住性に優れた内部仕上・下地材料で床・壁・天井を仕上げる。このように空間を構成する方法を**構法**と呼ぶ。

　伝統構法には、柱を立て、梁や桁をのせて空間に架けわたす**木造軸組構法**、石壁の上にアーチやボールトを組んで空間を囲う**組積構法**などがある。わが国では構造材料は、木材、鋼材、コンクリートの3種類に限定され、耐久性、防耐火性、軽量性、コストなどにそれぞれ長所と短所がある。

（2）住まいの施工

　材料や構法により空間をつくることを施工という。木造軸組構法では、地盤上に基礎を置き（図1）、その上に土台・柱・梁・桁などによる軸組を組み（図2）、小屋組・屋根仕上をのせ（図3）、床組した上で壁・天井や開口部を仕上げて、最後に床を張る（図1）。空間ができると給排水や電気設備が取り付けられ、住まいができ上がる。

（3）木造軸組構法

　わが国の木構造は、伝統的に大きな開口部をもち、自然に対してオープンな軸組構造が発達してきた（図1〜4）。軸組は、土台・柱・梁・桁などにより構成されるため、開口部が比較的自由になるが、耐震性をもたせるため四隅に2階分の長い通柱を使用する。小屋組は、梁上に小屋束・母屋・垂木などで構成し、野地板の上に瓦や金属板などの屋根材で仕上げる。床組は、大引・根太などにより構成され、最下階では床束と束石で支える。

（4）枠組壁構法

　北米で発達した**枠組壁構法**（図5）は、針葉樹（米マツ・米ツガなど）の2×4インチの規格部材を組み合わせた枠組の両面に構造用合板を張り耐力壁を構成する合理的な構法で、ツーバイフォー（2×4）構法とも呼ばれ、プラットフォーム法とバルーン法がある。わが国でも採用されている。

　プラットフォーム法は、まず床枠組をつくり、床上で壁枠組を建て起こし、小屋枠組を組んで、各枠組間を釘打で固める。床枠組は中間を支える束を必要としないので地下室を設けることができる。

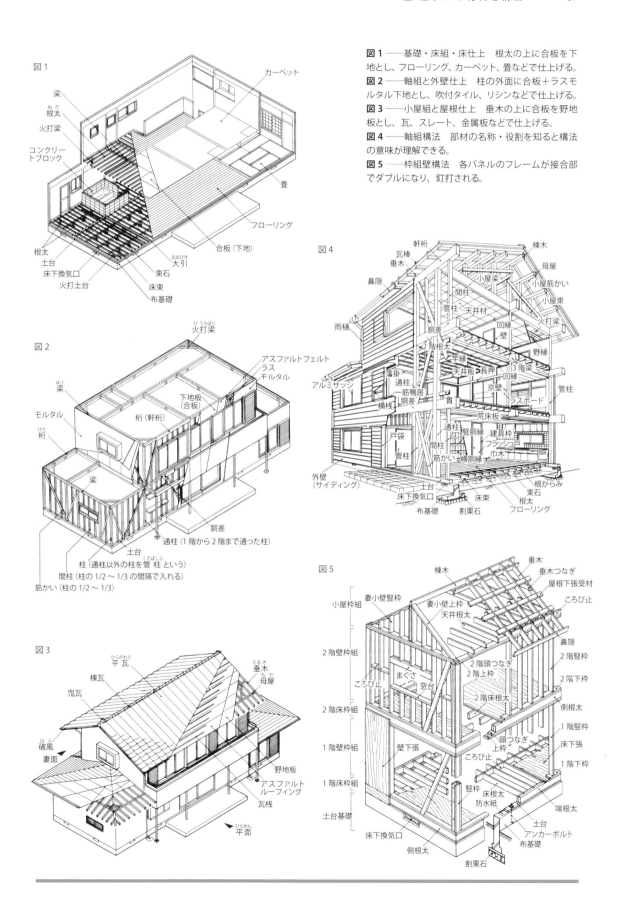

図1

カーペット
梁
根太
火打梁
コンクリートブロック
畳
フローリング
合板（下地）
根太
土台
床下換気口
大引
火打土台
束石
床束
布基礎

図2

火打梁
アスファルトフェルト
ラス
モルタル
下地板（合板）
梁
桁（軒桁）
モルタル
桁
梁
胴差
通柱（1階から2階まで通った柱）
土台
柱（通柱以外の柱を管柱という）
間柱（柱の 1/2 ～ 1/3 の間隔で入れる）
筋かい（柱の 1/2 ～ 1/3）
外壁（サイディング）

図3

平瓦
棟瓦
垂木
母屋
鬼瓦
破風
妻面
野地板
アスファルトルーフィング
瓦桟
平面

図4

軒桁
瓦棒
垂木
鼻隠
棟木
母屋
小屋梁
小屋筋かい
小屋束
火打梁
雨樋
間柱
管柱
天井材
胴差
回縁
壁
2階根太
野縁
3階梁
竿縁
天井板
長押
回縁
アルミサッシ
落掛
胴縁
一筋鴨居
胴差
京壁
管柱
ラスボード
横桟
貫
荒床板
戸袋
通柱
竪胴縁
建具枠
管柱
間柱
筋かい
横胴縁
フラッシュ戸
巾木
外壁（サイディング）
土台
床下換気口
床束
割栗石
根からみ
根太
フローリング
布基礎
束石

図5

棟木
垂木
垂木つなぎ
屋根下張受材
小屋枠組
妻小壁竪枠
妻小壁上枠
天井根太
ころび止
鼻隠
2階竪枠
2階壁枠組
ころび止
まぐさ
窓台
2階頭つなぎ
2階上枠
2階竪枠
2階下枠
2階床枠組
2階床根太
側根太
1階竪枠
1階壁枠組
壁下張
ころび止
頭つなぎ
上枠
床下張
1階下枠
1階床枠組
竪枠
床根太
防水紙
端根太
土台基礎
床下換気口
側根太
土台
アンカーボルト
布基礎
割栗石

図1──基礎・床組・床仕上　根太の上に合板を下地とし、フローリング、カーペット、畳などで仕上げる。
図2──軸組と外壁仕上　柱の外面に合板＋ラスモルタル下地とし、吹付タイル、リシンなどで仕上げる。
図3──小屋組と屋根仕上　垂木の上に合板を野地板とし、瓦、スレート、金属板などで仕上げる。
図4──軸組構法　部材の名称・役割を知ると構法の意味が理解できる。
図5──枠組壁構法　各パネルのフレームが接合部でダブルになり、釘打される。

4.2　躯体の構造

(1) 力学的構造

架構式構造は、柱・梁に力を集中するもので、木造や鉄骨造では耐力壁にも水平荷重を分担させる場合が多い（図6）。鉄骨造や鉄筋コンクリート造では一体化された柱・梁のみで支えるラーメン構造は空間の自由度を高めており、均等スパンのラーメン構造は現代の最も代表的な構造である。

壁式構造は、柱・梁・壁・床などが一体となる構造で、窓や壁の位置に制約があるが、小規模な住宅に適した経済的な構造である。

組積式構造は、石・レンガ等を積み上げる構造で、古くは土の日干レンガを用いた住まい、中世・近世の西欧建築などで広く採用された。わが国の補強コンクリートブロック構造は、ブロックを鉄筋コンクリートの梁で補強した耐震性のある構造である。

(2) 構造と構法

ル・コルビュジエが提唱した**ドミノシステム**（図7）は、近代建築の空間をつくる構法として、柱・梁・床からなる構造体から壁を分離し、プランニング（平面計画）とファサード（正面）の自由度を高め、水平に連続する開口部を可能とした。組積式構造が主流であった西欧においては画期的な提案であり、現在も世界の建築構造の底流となっている。

近代建築においては、耐火・耐震性の重視と高層化の必要性から、材料・構法より見た構造は、鉄筋コンクリート造、鉄骨鉄筋コンクリート造、鉄骨造が主流となっている。また、ユニット構法は、部屋単位で設備や内装下地まで工場生産し、**プレハブ化率**を高める工業化構法として定着している（図8）。

図6── 主要な構造の種類
図7── ル・コルビュジエのドミノシステム
図8── ユニット住宅（1971）

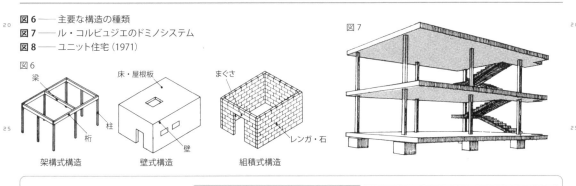

図6

架構式構造　　　壁式構造　　　組積式構造

図7

図8
ユニット住宅工法（M1）は、軽量鉄骨フレームと壁パネル等からなる 2400×5000mm のルームユニットをトラック輸送して、現場の基礎上にクレーンで組み立ててボルト締めする。現場作業を極小化してプレハブ化率を高め、工場生産による品質確保が可能となった。商業ベースで成功した世界初のボックスユニット住宅として、未来技術遺産（2013 年、国立科学博物館）に登録された。

1階

2階

(3)現代住宅の構造

1)鉄骨鉄筋コンクリート(SRC)造

柱・梁・床を鉄骨・鉄筋とコンクリートで一体的に構成する構造である。火と酸に弱い鋼を、火に強くアルカリ性のコンクリートで包み、引張や曲げ強度の大きい鋼と、圧縮強度の大きいコンクリートの長所が組み合わされた構造である。耐震・耐火性に優れ、高層ビルに適している。

鉄筋コンクリート(RC)造は、SRC造の鉄骨を省略したもので、類似した性質をもつが、中高層住宅に多く使用されている(図9)。近年は超高強度コンクリートの開発もあって、超高層住宅に揺れを抑える剛構造のRC造が採用されている。

2)鉄骨(S)造

鉄骨の柱・梁を現場でボルトまたは溶接により組み立てる架構式構造で、大きな開口部をつくりやすい(図10)。鉄は500℃で強度が半減するため、不燃性の耐火被覆が必要で、また酸性の環境では

さびやすいため、燐酸塩皮膜処理(パーカライジング)や亜鉛めっき処理が欠かせない。低層住宅には**軽量形鋼**、高層ビルや体育館・工場など大スパン建築には**重量形鋼**を使用する。鉄骨構造は軽量で柔構造のため、超高層ビルの主流であったが、振動が問題となり、住宅では避ける傾向にある。

(4)地震への対策

地震が多発するわが国の建築基準法は新耐震基準(1981)において、震度5強でほとんど損傷なし、6強〜7で倒壊なしの耐震構造を求めている。強固な柱や梁を基礎に固定する**耐震構造**や、構造物にある程度の変形能力を与えることで地震力の影響を小さくする柔構造などの手法が採用されてきた。現在は、建物の構造体固有の振動を吸収する重量物を設置する**制震構造**、地盤の水平振動を建物に伝えないように基礎と上部構造を切り離した**免震構造**も一般化してきた(図11)。

図 9 ―― 鉄筋コンクリート造
図 10 ―― 鉄骨造
図 11 ―― 耐震・制震・免震構造

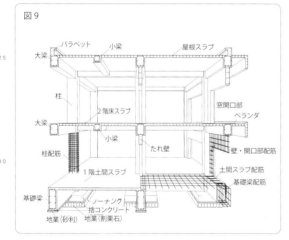

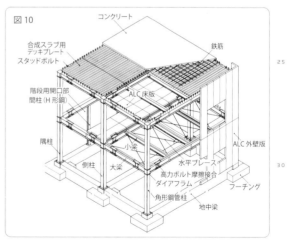

耐震構造は柱、梁や壁などの構造体で地震力に耐える構造。架構式構造では斜めに入れる筋かいが効果的。

制震構造は錘や油圧ダンパーなどの制震部材で地震力による構造体の振動を吸収する構造。

免震構造は建物と基礎との間に積層ゴムなどの免震ダンパー(右写真)を入れて、建物への地震力の伝達を低減する。

4.3 外周部位の構成

(1) 各部構造

生活空間は、屋根によりおおわれ、壁により外部と仕切られ、床により大地から切り離されて、人工的な環境として構成される。採光や通風のためには窓が開かれる。人や物の出入口は建具で開閉される。

屋根は、雨風や日射に耐えて、内部空間を守る(図12)。都市部では類焼を避けるための不燃性が重要となる。保温性の高い茅葺(かやぶき)、耐候性の高い**瓦葺**(図13)は、わが国の伝統的な屋根材であったが、近代には軽量化と不燃化の必要から、**スレート葺**や**金属板葺**も一般化した。前者はアスベストを含むものは建替時の廃棄処理が問題となっている。

壁は、屋根同様に耐候性・耐火性・断熱性が求められる。西欧では石やレンガは構造壁であるが、わが国の伝統的住宅では、壁は柱と一体に土や漆喰(しっくい)または板張などで仕上げられ、耐震や耐火性をもたせてきた。板壁は少なくなかったが、現在はモルタル壁などの**湿式仕上**や金属板・防火ボード類などの**乾式仕上**も採用されている(図14)。

床は、寝殿造(しんでんづくり)の板張から**畳**の置敷(おきじき)・敷詰(しきつめ)へと快適性を増してきたが、土間は近世の町家や農家、さらに現代の玄関に至るまで残されてきた。床の構造は、1階では**束**を立て、**大引**・**根太**の上に下地を設けて洋室では**フローリング**で仕上げるが、2階以上では根太または床スラブで支える(図15)。

(2) 開口部

窓は、寝殿造における蔀戸(しとみど)、書院造における障子・雨戸を経て、近代では木製ガラス戸、現代ではアルミサッシが一般的となっている。採光・通風と防犯への対処から、さまざまな開閉や防犯の機構が工夫されている(図16)。

開口部は、伝統的な住まいでは柱間いっぱいに

図 12 ―― 主要な屋根の形
図 13 ―― 屋根の構造(桟瓦葺)
図 14 ―― 壁の構造と仕上

図 12

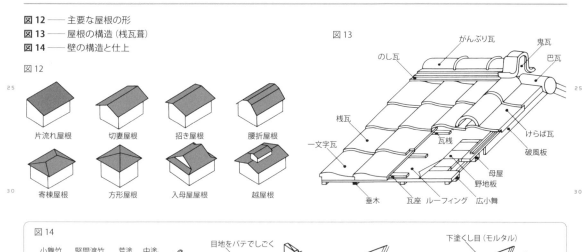

片流れ屋根
切妻屋根
招き屋根
腰折屋根
寄棟屋根
方形屋根
入母屋屋根
越屋根

図 13

がんぶり瓦
鬼瓦
のし瓦
巴瓦
桟瓦
けらば瓦
一文字瓦
瓦桟
破風板
母屋
野地板
垂木
瓦座
ルーフィング
広小舞

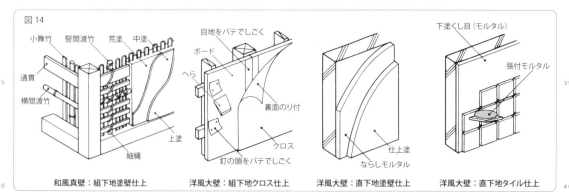

図 14

小舞竹
竪間渡竹
荒塗
中塗
通貫
横間渡竹
上塗
細縄
目地をパテでしごく
ボード
へら
裏面のり付
クロス
釘の頭をパテでしごく
仕上塗
ならしモルタル
下塗くし目(モルタル)
張付モルタル
和風真壁：組下地塗壁仕上
洋風大壁：組下地クロス仕上
洋風大壁：直下地塗壁仕上
洋風大壁：直下地タイル仕上

敷居から鴨居まで掃出の障子・板戸が引戸で大きく開き、欄間もあった。大きな開口部の多様な建具の意匠は、住宅の重要なデザイン要素であったが、現代では環境の悪化や省エネルギーへの配慮から、肘掛窓・腰窓のように小さくなり、採光性能に特化した高窓や天窓も多く使われる（図17）。

　鍵と錠は、開口部の防犯の役に立つ大切な要素である。ワンドアツーロックというように、玄関には2以上のシリンダー錠を付けてピッキングに備え、カメラ付インターフォンや半開にできるドアガードなども利用できる。また、ドアクローザーは、静かに開閉ができ、風圧を受けた時の安全には欠かせない。窓はクレセントで閉じ、防犯には面格子を付ける。窓のガラスは、省エネルギーのためには複層ガラス、防犯や安全のためには強化ガラスや合わせガラスが使用される（図18）。なお台風時に備えるには雨戸・シャッター、蚊やハエを入れないためには網戸が使用される。

図 15 —— 床の構造と仕上
図 16 —— 窓の名称（開閉機能）
図 17 —— 窓の名称（位置）
図 18 —— 建具用金物

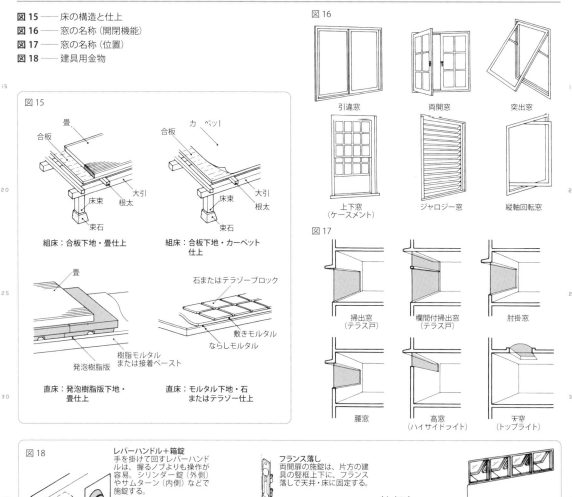

4.4　内装部位の構成

(1)和室と洋室の構成

伝統的な和室は、十壁の**真壁**が一般的であり、床は畳、天井は杉板または化粧板の**竿縁天井**か敷目張が多い。床・壁間に**畳寄**、壁・天井間は**回縁**とする。なお床・棚・書院回りの納まりの基本は、現在も踏襲されている。開口部は、外部はアルミサッシであるがその内側に障子を使用し、押入や間仕切は襖または戸襖の引戸とする（図19、22）。

現代の洋室は、**大壁**で天井は化粧板の**打上天井**仕上、または打上下地に塗装かクロス張とし、床はカーペットまたはフローリング仕上とすることが多い（図20）。床・壁間に**幅木**、壁・天井間に回縁、窓はアルミサッシの内側にカーテンを掛け、出入口はドアとする。カーテンは、素材からドレープ、プリント、ケースメント、レースに分類され、掛け方のスタイルも大切な要素である（図21）。開口回りは**額縁**で納めるのが一般的である。

(2)内装の仕上

内装は、ラス（木摺、小舞、金網、有孔ボードなど）上に左官あるいは板類を張ったボード下地の上に、塗り、塗装、張りまたは貼りの仕上を行う。

床仕上は、近年、和室の減少により畳が減り、洋室のフローリングやカーペットが一般的になっ

た。水回りでは、長尺塩ビシートや磁器またはせっ器タイルなども使用されている。

壁仕上は、柱を見せる真壁と隠す大壁がある（図22）。壁仕上材は天井仕上と共通するものが多く（図23）、塗仕上・張仕上・塗装仕上がある。塗仕上には土・漆喰・プラスター、張仕上には羽目板・各種化粧板、塗装仕上には合板・石膏ボード下地に各種ペイントなどが用いられる。

(3)内装建具

内装に用いる建具は、窓・縁側と間仕切に使用し、木製建具が主である。和室窓・縁側は障子で遮光あるいは調光するが、洋室窓にはカーテン・ブラインドなどが使われる。間仕切には襖・戸襖（和室）、板戸・ガラス戸（洋室）など、木製の格子戸やガラリ戸、框組の枠に鏡板をはめた框戸、ガラスをはめたフランス戸なども使用される（図24）。

開閉方式は、伝統的な引戸が場所をとらないため現在も主流となっている。閉鎖性が強く鍵も掛けやすいドア（扉）は、個室（洋室）や玄関・トイレなどプライバシー空間や機能空間に使用されるが、狭い側での開き勝手には注意が必要である。

引戸は敷・鴨居にはめた建具をすべらせるが、重い場合はレールと戸車、あるいは床の段差解消

図 19―― 和室の構成
図 20―― 洋室の構成

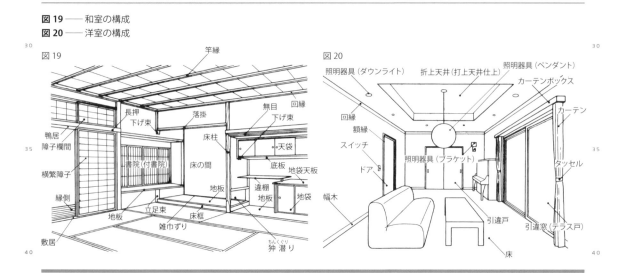

のため吊金物を使用する（**図25**）。

　障子は、杉柾目の縦框と上・下框に組子を入れ和紙を張る。一般的な横繁（横組子が多い）のほか、縦繁（縦組子が多い）や荒組（組子間隔が大きい）などがある。一部が上下にスライドし、ガラス越

しに庭を見る雪見障子も使用される。

　襖は、縦枠と上・下枠の間を力骨・平骨・力板で固めた下地に、和紙（鳥の子）または布を張ったものを源氏襖といい、框を見せないものを太鼓張襖という。襖絵はインテリアの重要要素だった。

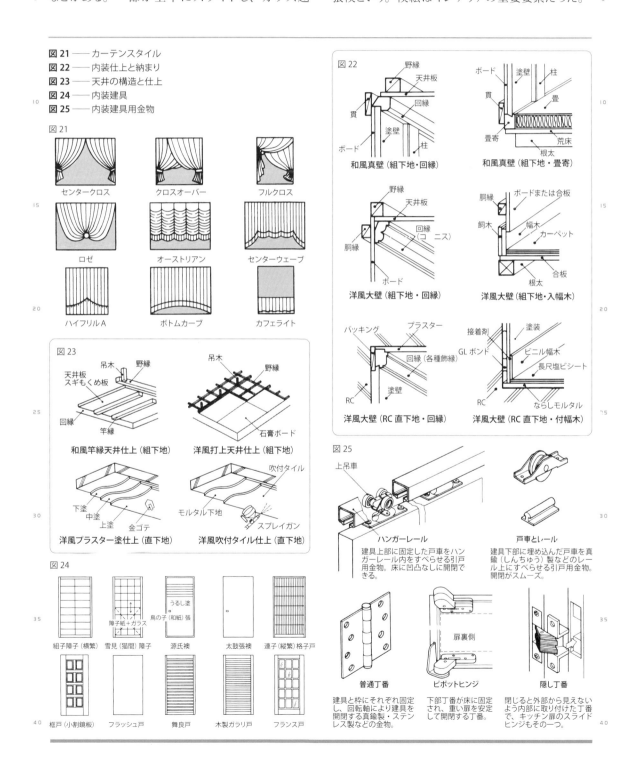

図21

センタークロス　　クロスオーバー　　フルクロス

ロゼ　　オーストリアン　　センターウェーブ

ハイフリルA　　ボトムカーブ　　カフェライト

図22

和風真壁（組下地・回縁）　　和風真壁（組下地・畳寄）

洋風大壁（組下地・回縁）　　洋風大壁（組下地・入幅木）

洋風大壁（RC直下地・回縁）　　洋風大壁（RC直下地・付幅木）

図23

和風竿縁天井仕上（組下地）　　洋風打上天井仕上（組下地）

洋風プラスター塗仕上（直下地）　　洋風吹付タイル仕上（直下地）

図24

組子障子（横繁）　　雪見（猫間）障子　　源氏襖　　太鼓張襖　　連子（縦繁）格子戸

框戸（小割鏡板）　　フラッシュ戸　　舞良戸　　木製ガラリ戸　　フランス戸

図25

ハンガーレール
建具上部に固定した戸車をハンガーレール内をすべらせる引戸用金物。床に凹凸なしに開閉できる。

戸車とレール
建具下部に埋め込んだ戸車を真鍮（しんちゅう）製などのレール上にすべらせる引戸用金物。開閉がスムーズ。

普通丁番
建具と枠にそれぞれ固定し、回転軸により建具を開閉する真鍮製・ステンレス製などの金物。

ピボットヒンジ
下部丁番が床に固定され、重い扉を安定して開閉する丁番。

隠し丁番
閉じると外部から見えないよう内部に取り付けた丁番で、キッチン扉のスライドヒンジもその一つ。

4.5　内装の計画

(1)内部仕上表とコーディネートボード

　インテリアの仕上材料は、見積(みつもり)・契約や確認申請時に建築設計図書の**内部仕上表**および**仕様書**で指示される。

　内部仕上表は、室名を縦軸に、床・幅木・壁・回縁・天井を横軸にとり、下地・仕上を記入する(**表1**)。仕上材の種類や等級は、建物の価格に大きく影響するため、見積段階での仕上材の記入は一般名称とし、通常は商品名を記入しない。仕様書では、より詳細な性能・仕様・等級などを記入する。

　コーディネートボードは、色・柄・テクスチャーなどデザインが施主にひと目でわかるよう、また他のエレメントとの調和を確認できるよう、サンプル・写真などをボード上に添付し、内部仕上表をもとに、分かりやすく視覚的に美しく表現する(**図26**)。

(2)内装材料の選択

　内装材料の選択は、機能や性能をふまえて、意匠上の選択を行う(**表2、3**)。具体的には、使用する空間や部位の要求する性能に適するものの中から、意匠上の要求に見合ったものを総合的に評価し選択する(適材適所)。意匠性に加えて、耐久性、経済性は無視することはできない。

　空間からの要求性能は、厳しい順に、水と火にさらされる台所、水にさらされる浴室・洗面室・トイレ、玄関、一般居室となる。

　部位からの要求性能は、最も重視される床材には耐衝撃性・耐摩耗性・耐水湿性・耐汚染性・耐薬品性などで、コストもかかるものが多い。壁・天井材には共通要素が多く、難燃性・耐衝撃性・耐摩耗性(特に壁)、吸音性・軽量性(特に天井)などが要求される。

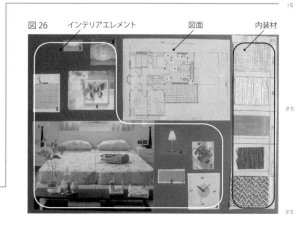

図26　インテリアエレメント　　図面　　内装材

図26──── コーディネートボード
表1──── 内部仕上表

表1

室名	床	幅木	H	壁・腰壁	天井	回縁	備考
玄関	100角磁器タイル張 / 土間コンクリート＋防水モルタル下地	モザイクタイル / 防水モルタル下地	200	織クロス張 / シージング石膏ボード　厚12.5下地	天然木化粧合板 厚4.0目透張 / 石膏ボード　厚9.5下地	オイル拭 / 米マツ柾目	上がり框 玄関収納
ホール廊下	単層フローリング　厚12張 / 1類合板　厚15下地	オイル拭 / 米マツ柾目	80	織クロス張 / 石膏ボード　厚12.5下地	天然木化粧合板 厚4.0目透張 / 石膏ボード　厚9.5下地	オイル拭 / 米マツ柾目	コートハンガー（SUS304製）
リビングダイニング	床暖房対応フローリング　厚12張 / 温水マット 厚12＋1類合板　厚15下地	オイル拭 / 米マツ柾目	60	織クロス張 / 石膏ボード　厚12.5下地	織クロス張 / 石膏ボード　厚9.5下地	オイル拭 / 米マツ柾目	カーテンレール（W：ドレープ用＋レース用）＋カーテンボックス
キッチン	コルクタイル　厚12張 / 1類合板　厚15下地	木柄塩ビ製 背80	—	流し回り200+100 陶器質タイル張 / シージング石膏ボード 厚12.5下地	防火クロス張 / 石膏ボード　厚12.5下地	木柄塩ビ製	レンジフード システムキッチン
和室6畳	畳敷　厚55 / 1類合板　厚15下地(荒床)	畳寄(スギ)	—	京壁塗 / ラスボード　厚7下地	スギ柾目板　厚4敷目張 / 木下地(野縁)	スギ	長押(スギ) 障子(スギ)
洋間8畳	複合フローリング合板　厚12張 / 1類合板　厚15下地	木柄塩ビ製	60	織クロス張 / 石膏ボード　厚12.5下地	クロス張 / 石膏ボード　厚9.5下地	木柄塩ビ製	カーテンレール（W） 天井点検口（クローゼット内）
洗面所	長尺塩ビシート　厚2張 / 1類合板　厚15下地	木柄塩ビ製	60	ビニルクロス張 / 1類合板　厚12下地	ビニルクロス張 / 石膏ボード　厚9.5下地	木柄塩ビ製	化粧キャビネット＋鏡 タオル掛
浴室	ゲルコート仕上 / FRP	ゲルコート仕上 / FRP	50	焼付塗装鋼板	焼付塗装鋼板	塩ビ製ガスケット	天井点検口 ユニットバス1620タイプ
トイレ	長尺塩ビシート　厚2張 / 1類合板　厚15下地	木柄塩ビ製	60	ビニルクロス張 / 1類合板　厚12下地	ビニルクロス張 / 石膏ボード　厚9.5下地	木柄塩ビ製	タオル、収納棚、手すり
階段室	オイルステイン・クリアラッカー(OS.CL.) / 集成材	オイル拭 / 米マツ柾目	80	ビニルクロス張 / 石膏ボード　厚12.5下地	ビニルクロス張 / 石膏ボード　厚9.5下地	木柄塩ビ製	手すり

※点線の上は仕上げ、下は下地を表す。

表2 —— 床仕上材
表3 —— 壁・天井仕上

表2

床仕上材	**耐衝撃性	**耐摩耗性	*断熱性	難燃性	**耐水湿性	**耐汚染性	**耐薬品性	吸音性	軽量性	**美観性	**耐久性	*経済性	種類・特徴
火成岩	◎	◎	×	○	◎	◎	◎	×	×	○	○	×	御影石、鉄平石、伊豆石（硬質・軟質）、小松石
水成岩	○	△	×	○	○	○	○	×	×	○	○	△	大谷石、玄昌石、石灰岩、砂岩、那智黒石
変成岩	○	○	×	△	○	○	×	×	×	◎	○	×	大理石、トラバーチン、蛇紋岩、寒水石
レンガ	◎	○	×	○	○	○	○	×	×	○	◎	○	用途：テラス、造園材料など（屋内は少ない）
磁器タイル	◎	◎	×	○	◎	◎	◎	×	×	◎	◎	○	100〜300角、モザイクタイル
炻器タイル	◎	◎	×	○	◎	◎	◎	×	×	○	◎	○	100角、クリンカータイル、塩焼タイル
人造石	○	○	×	○	○	○	○	×	×	○	○	○	人研ブロック、テラゾー、大磯アライダシ、玉石植込
プラスチック系タイル	○	○	△	×	○	○	△	△	○	○	○	○	塩ビタイル、ホモジニアスタイル、タイルカーペット
プラスチック系シート	○	○	△	×	○	○	△	△	○	○	○	○	塩ビシート、クッションフロア
ゴム系タイル	○	◎	△	×	○	○	○	△	○	○	○	○	ビル用（住宅では少ない）
フローリング	○	○	○	×	○	○	○	△	○	◎	○	◎	ナラ、タモ、ウォールナット、チーク、単層品・複合板
縁甲板	○	○	○	×	○	○	○	△	○	○	○	○	ヒノキ、スギ、ナラ、タモ、ベイマツ
コルクタイル	○	○	◎	×	○	○	○	○	○	○	○	○	天然コルク、単層品（高級）・複合板（普及）
ニードルパンチ	○	○	○	×	×	×	×	×	○	○	△	◎	ポリプロピレン、ポリエステル
カーペット	◎	○	◎	×	×	×	×	◎	○	◎	○	○	ウール、アクリル、ナイロン、ポリエステル
畳	◎	○	◎	×	△	△	△	○	○	◎	○	○	八代表、備前表、備後表、琉球表

＊＊重要　＊やや重要

表3

壁・天井仕上材	**耐衝撃性(W)	*耐摩耗性(W)	*断熱性	**難燃性	*耐水湿性	*耐汚染性(W)	耐薬品性	**吸音性(C)	*軽量性(C)	**美観性	*耐久性	*経済性	種類・特徴
水成岩（W）	○	○	×	○	△	△	○	△	×	○	○	×	砂岩、大谷石
変成岩（W）	○	○	×	△	○	○	×	×	×	◎	○	×	大理石、トラバーチン、蛇紋岩
磁器タイル（W）	◎	○	×	○	○	○	○	×	△	○	◎	△	用途：台所（接着）、浴室（湿式）
陶器タイル（W）	○	○	×	○	○	○	○	×	△	○	○	○	用途：台所（接着）、浴室（湿式）
人造石	○	○	×	○	○	○	○	×	×	◎	○	○	人研ブロック、テラゾー
漆喰	△	△	△	○	△	×	○	○	△	○	○	○	消石灰（水酸化カルシウム、炭酸カルシウム）
砂壁（W）	△	△	△	○	△	△	△	○	△	○	○	○	色砂（松葉砂、孔雀砂など）＋のり
大津壁（W）	△	△	△	○	△	△	○	○	△	◎	○	×	色土（聚楽土、さび土など）＋消石灰＋のり
土壁・京壁（W）	△	△	△	○	△	△	○	○	△	○	○	○	荒木田土＋色土＋すさ＋のり
プラスター（石膏）	△	△	△	○	×	×	○	○	△	○	○	○	石膏プラスター、ドロマイトプラスター、石膏ボード
羽目板	○	○	×	△	△	△	○	△	○	○	○	×	縦羽目、横羽目（単層品・複合板）、サイディング
合板	△	△	△	△	△	△	△	△	○	○	○	○	下地板、化粧板、天然木化粧合板、構造用合板
ビニルクロス	△	△	×	△	○	○	○	×	○	○	△	○	用途：居室、水回り、火気使用室
織クロス	△	△	×	×	×	×	×	×	○	◎	△	○	用途：主に居室
ロックウール吸音板（C）	×	×	○	○	○	○	△	◎	○	○	△	○	用途：主に居室、火気使用室
軟質繊維板（C）	△	×	○	×	○	×	×	◎	○	○	△	◎	用途：主に居室

W：内壁　C：天井　＊＊重要　＊やや重要

5 室内環境の計画

イスラムとキリスト教の民族攻防の地にあるスペインのアルハンブラ宮殿のパティオは、過酷な乾燥地帯において、噴水や池を設け果樹や草花を植えてオアシスのようにしつらえられ、アラベスクの室内に光と風と安らぎをもたらしている。西欧都市の建築も多くは中庭を有し、採光と通風を得ていて、ファサードのフォーマルな風格に対して、内側は静かな生活のたたずまいを感じさせる。照明、空調を使用しないで快適・省エネとなるパッシブ手法は、今改めて注目されている。

ライオンの庭（アルハンブラ宮殿）

5.1 色の基礎

（1）色の表示

　光や物の色は、光が直接（光源色）、または物を透過（透過色）あるいは物に当たり反射した色（表面色）が網膜を刺激して、視神経を経由して脳に伝達され、はじめて色として知覚される。光は電磁波で、目に見えない電波や放射線と、目に見える可視光線などがある。可視光線の波長は380〜780nm（ナノメートル）で波長の違いにより色の見え方が異なる（図1）。

1）色の3属性

　色には**色相**（ヒュー：H、Hueの頭文字）、**明度**（バリュー：V、Value）、**彩度**（クロマ：C、Chroma）の基本的な3属性がある（表1）。色は、3属性で表せる**有彩色**と、明度のみをもつ**無彩色**（白、黒、灰色）に分けられる。

2）色の表し方

　水色やオレンジ色といった色名は**慣用色名**という。赤や青という基本的色名に明度、彩度の修飾語と色相の修飾語（図2）を組み合わせた色名を**系統色名**という。色指定などで色を正確に再現・伝えるために、数値や記号を使って色を表す表示法を**表色系**といい、**修正マンセル表色系**はその代表的な表示法である（図3）。

図1── 電磁波の分類と波長　可視光線は、R、Y、G、B、Pの5色あるいは虹の7色に分けられる。赤の外側の赤外線（IR）は熱線ともいい、熱を効率よく伝える。紫の外側の紫外線（UV）は化学線ともいい、殺菌効果や変退色させる性質をもつ。

表1── 色の3属性

図1

波長（m）	10⁻¹⁶	10⁻¹⁴	10⁻¹²	10⁻¹⁰	10⁻⁸	10⁻⁶	10⁻⁴	10⁻²	10⁰	10²	10⁴
	宇宙線	ガンマー線	X線	紫外線		赤外線	マイクロ波		短波	中波	長波
											（放送波）

可視光線

波長（nm）	紫外線	青紫	青	青緑	緑	黄緑	黄	黄赤	赤	赤外線
		P	B		G		Y		R	
		380 400		500			600		700 780	

1nm=10⁻⁹m

表1

属性	内容
色相（ヒュー）	色みの種類のこと。100色相のものが多く使用される。
	赤R・黄Y・緑G・青B・紫Pの5色を並べて環にしたものを色相環と呼ぶ。
明度（バリュー）	色の明るさのこと。
	一番明るい白から一番暗い黒まで11段階で表す。
	光の反射率との相関がある。
彩度（クロマ）	色の鮮やかさのこと。14段階程度で表示する。
	最も彩度の高いものを純色と呼ぶ。
	無彩色を混ぜていくと彩度は低くなる。

（2）混色

　色光の色を重ね合わせる混色を**加法混色**といい、その3原色は赤（レッド：R）、緑（グリーン：G）、青（ブルー：B）である。また印刷などの色材の色素を重ね合わせる混色を**減法混色**といい、その3原色は青緑（シアン：C）、赤紫（マゼンタ：M）、黄（イエロー：Y）である（**図4**）。

（3）色の生理・心理

　色には表情があり、さまざまな印象を受ける。色の見え方は、色の組合せによって互いに影響し合い、単色の時とは異なる。色の組合せ条件などによる見え方、感じ方は次のようである。①暖色・

寒色：温かく感じる色を**暖色**、冷たく感じる色を**寒色**、緑と紫はどちらでもない中性色という（**図2**）。②進出色・後退色：隣り合う2つの色は、暖色や明度が高い色は、もう一方の色より浮かび上がって見える（**進出色**）。反対に寒色や明度の低い色は沈んで見える（**後退色**）。③色の対比：2つの色が並ぶと互いに影響し合い、単色の時とは異なって感じられる（**色の対比**）。対比には、**明度対比**（**図5**）、**彩度対比**、**色相対比**がある。④面積効果：面積が広いとより鮮やかに明るく見える。⑤重さ感：明度、彩度が低いと重い印象を受け、寒色は暖色よりも重く感じられる。

図2――色相に関する修飾語の相互関係、暖色と寒色（JIS Z 8102-2001より）　基本的な色彩語以外の色みに関する形容詞。赤み、黄み、緑みなどが使われている。暖色は赤紫（RP）、赤（R）、黄赤（YR）、黄（Y）のような波長の長い色相、寒色は青緑（BG）、青（B）、青紫（PB）のような波長の短い色相。
図3――修正マンセル表色系は、色相H（100分割）、明度V（0～10）、彩度C（1～14）とし有彩色はHV/C、無彩色はNVのよ

うに表す。
図4――色光と色材の混色
図5――明度対比　同明度の灰色を白と黒の背景上に置くと白の背景では暗く、黒の背景では明るく感じる。色相対比：色相環上の離れた2色は相互に鮮やかさを増す。彩度対比：彩度差の大きい2色は彩度が相互に強調される。

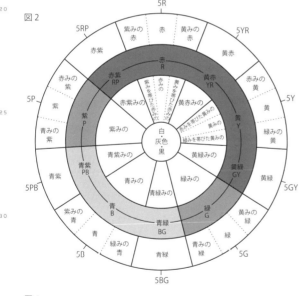

図2

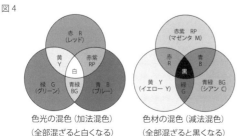

色光の混色（加法混色）
（全部混ざると白くなる）

色材の混色（減法混色）
（全部混ざると黒くなる）

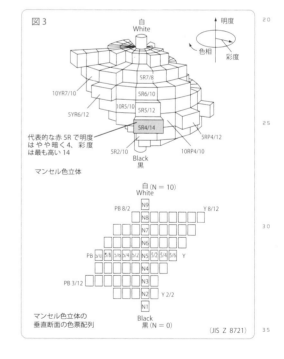

図3

マンセル色立体

代表的な赤 5R で明度はやや暗く4、彩度は最も高い14

マンセル色立体の垂直断面の色票配列

（JIS Z 8721）

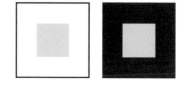

図5

5.2　光環境の計画

（1）光の知覚と明るさ

1）知覚

　光が目に入り、その刺激が大脳に伝えられ明るさ、物の形、色などを感じることを**視覚**という。

　目で見ることができる可視光線は、波長によって明るさの感度に差があり、これを**視感度**という。網膜には通常の明るさで形や色を感じる錐状体と、暗い時に物の明暗を感じる桿状体の2種類の視細胞がある。このため明るい所と暗い所では、よく見える色が異なる（**図6**）。

　暗い所から明るい所へ出た時、まぶしく感じるがすぐに慣れ、物が見えるようになる現象を**明順応**（約1分）、逆を**暗順応**（約30分）という。

2）光の単位

　光は主に次の4つの単位で測られる。

　①**光束**：光源から放射された1秒間当たりの光のエネルギーである。単位はlm（ルーメン）。40Wの白熱電球と蛍光灯の光束はそれぞれ485lmと3,000lmであり、同じワット数でも光束が大きい蛍光灯の方が明るく感じられる。②**照度**：面積1m^{2}に入射する光束の量で、光が当たっている面の明るさを示す。単位はlx（ルクス）。点光源による照度は、光源からの距離の2乗に反比例する（**図7**）。③**光度**：光源から出る光の強さを表し、単位はcd（カンデラ）である。1cdの光源からは4πlmの光束が出る。④**輝度**：光源や反射面が各方向からどれだけ明るく見えるかを表し、単位はcd/m^2（カンデラ毎平方メートル）である。

（2）光の評価

1）明視4条件

　物が見やすい条件として、次の4つがある。①**大きさ**：適度な大きさであること、②**対比**：背景との適度な対比があること、③**移動**：動きの少ないこと、④**明るさ**：適度な明るさであること。これらの明視条件を考慮して、見やすい照明方法を考える必要がある。明るいだけでは十分な照明とはいえない。

2）グレア

　まぶしさなどにより対象の見やすさを損ねたり、不快を感じる現象を**グレア**という。光源から光が直接目に入る直接グレア、物からの反射光による

図6──目の感度特性　最も感度の高い波長は明るい所では555nm（黄緑）であり、暗い所では507nm（青緑）である。この視感度の最大値のずれをプルキンエ現象という。
図7──照度
図8──直接グレアの起こりやすい条件

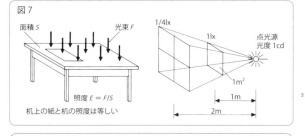

図7

面積 S　　　光束 F

照度 E＝F/S

机上の紙と机の照度は等しい

1/4lx　　1lx　　点光源 光度 1cd

1m^2　1m　2m

図6

| 紫 | 青 | 緑 | 黄 | 橙 | 赤 |

暗所視　　明所視

比視感度

1
0.8
0.6
0.4
0.2
0

380　510　555　780
400　500　600　700
波長　　　　　　（nm）

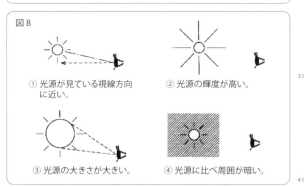

図8

① 光源が見ている視線方向に近い。
② 光源の輝度が高い。
③ 光源の大きさが大きい。
④ 光源に比べ周囲が暗い。

反射グレアなどがある。直接グレアの起こりやすい条件を図8に示す。

3）照度分布

室内の明るい場所と暗い場所の照度差が大きくなりすぎないように、照度均斉度（室内の最小照度/室内の平均照度）に注意したい。照明による室全般の照度均斉度では1/3以上、自然採光の照度均斉度は1/10以上とするのが望ましい（図9）。

（3）昼光照明と人工照明

1）光源

太陽を光源とする**昼光照明**は採光、LED等の人工光源を利用する**人工照明**は単に照明と呼ぶことがある。人工光源は2018年頃からLEDランプが主流となった。省エネルギーのトップランナー方式等により従来の白熱ランプ、蛍光ランプ等は製造中止状態になっている。

2）昼光率

昼光とは太陽の直射光を除いた散乱光をいうが、天候や時刻により変動するため、室内のある点における水平面の明るさの指標として**昼光率 D** を用いる。

$$昼光率 D = \frac{室内のある点の昼光照度 E}{全天空照度 E_S} \times 100\%$$

昼光率を上げるには、窓を大きくする、高い位置に設ける、設置数を増やすなどがある（図10）。

3）採光

昼光照明は、窓の位置と大きさが影響する（図10）。建築基準法では、住宅の居室床面積に対して側窓では1/7以上の**有効採光面積**が必要であり、天窓は側窓の3倍の面積に相当すると見なせる。

4）照度基準

室の用途や作業内容により必要な照度は異なり、JISに規定されている（表2）。**推奨照度**は、床上0.8m（机上視作業）、床上0.4m（座業）、または床面等を基準面とする。高齢者・障害者などには必要に応じた照度（健常者の2～4倍）にすることもある。

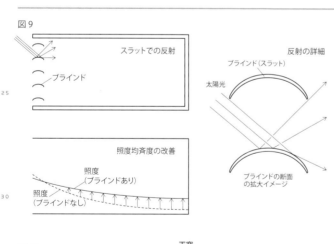

図9

スラットでの反射

ブラインド

反射の詳細

ブラインド（スラット）

太陽光

ブラインドの断面の拡大イメージ

照度均斉度の改善

照度（ブラインドあり）

照度（ブラインドなし）

図9――ブラインドの照度と均斉度改善効果（概念図）
図10――昼光率と窓の位置
表2――照度基準（JIS Z 9110-2021より）
Raは平均演色評価数（8.4 照明設備参照）

表2

領域	作業等	維持照度（lx）	照度均斉度	Ra
居間	手芸・裁縫	1000	0.7	80
	読書	500	0.7	80
	団らん・娯楽	200	－	80
	全般	50	－	80
食堂	食卓	300	－	80
	全般	50	－	80
台所	調理台	300	0.7	80
	全般	100	－	80
家事室・作業室	読書・VDT作業	500	－	80
	洗濯	200	－	80
	全般	100	－	80
洗面室・浴室	洗面	300	－	80
	化粧（鉛直面）	300	－	80
	全般	100	－	80
便所	全般	75	－	80
寝室	全般	20	－	80
	深夜	2	－	80
子供室	勉強	750	0.7	80
	全般	100	－	80
納戸・物置	全般	30	－	40
玄関	飾り棚	200	－	80
	全般	100	－	80
廊下・階段	全般	50	－	80

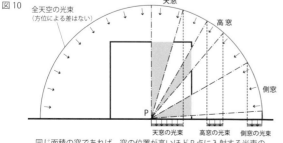

図10

全天空の光束（方位による差はない）

天窓

高窓

側窓

P

天窓の光束　高窓の光束　側窓の光束

同じ面積の窓であれば、窓の位置が高いほどP点に入射する光束の鉛直成分は増え、昼光率は高くなり、部屋は明るくなる。
（光束の比は上図で、天窓：高窓：側窓＝1：0.5：0.4）

5.3　熱環境の計画

（1）日本の気候

　日本は南北に長い島国であり、気候帯は、亜寒帯から亜熱帯に属す。図11に東京、ロンドン、ニューヨーク、マニラのクリモグラフを示す。右上がりの傾斜をもつ東京の夏季は高温多湿であり、冬季は湿度が低いため実際の気温よりも寒く感じる。夏季と冬季の気候が右下がりのロンドンと比べてあまり快適でないことを示している。

（2）住まいと熱の快適性

1）熱の移動の3要素

　熱は高温の物体から低温の物体へと**伝導**、**対流**、**放射**により流れる。建物内外での熱の流れを図12に示す。

2）温熱環境の6要素

　人間の体は伝導、対流、放射、体表からの発汗（**蒸発**）により潜熱を放出あるいは受容する。その熱移動は環境の気温（℃）、湿度（RH）、気流（m）、放射温度（グローブ温度）の4要因と、さらに人体の**着衣量**（clo）と**代謝量**に左右される。合わせて温熱環境の6要素という（図13）。

3）温熱環境の指標

　実際の6要素を相対湿度50％ RH・気流0.1m/s・着衣量0.6clo・代謝量1Metに換算した時の仮想温度を**標準新有効温度SET***と呼ぶ（p.115図3参照）。

　また、湿度、日射・輻射などの周辺の熱環境および気温の3つの要素をとり入れた**暑さ指数**は、夏の酷暑による熱中症防止の目的で開発されたもので、25〜28℃：**警戒**、28〜31℃：**厳重警戒**、31℃以上：**危険**とされている。

　屋外の暑さ指数WBGT＝ $0.7T_w + 0.2T_g + 0.1T_a$

　　T_w：気象庁観測の気温・湿度・気圧から計算された湿球温度（近似値）

　　T_g：気象庁等観測の黒球温度

　　T_a：気象庁観測の気温

図11──クリモグラフ　快適性に影響する気温と湿度との関係を示している。
図12──建物における熱の流れ　室内に入ってくる熱や逃げていく熱があり、室内では人や暖房器具などから熱が発生する。
図13──温熱環境の6要素　温熱感覚や快適性は外部環境以外に洋服の種類や作業内容が影響する。

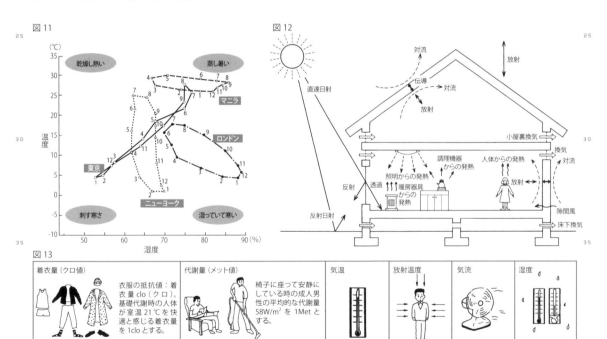

図11

図12

図13

（3）住まいの断熱と蓄熱

夏は屋外より室内へ、冬は室内から屋外へ熱がなるべく流れない（熱貫流率を小さくする）ように屋根・外壁・床や窓を熱が通りにくくするのが断熱である。熱貫流率の小さいグラスウールやポリウレタンなどの断熱材や、窓に複層ガラスを使用して断熱性能を高めることができる。

蓄熱とは、熱を蓄える能力であり、熱容量で表す。熱容量が大きいほど外気温に室内が影響を受けにくい。断熱性と熱容量の組合せによる暖房開始、停止後の室温の変化を示したものが図14である。断熱性能が良いと暖冷房の負荷は小さくなり、熱容量が大きいと室温変化は穏やかになる。

（4）住まいの湿度と結露

空気中には水蒸気が含まれており、その多少は相対湿度と絶対湿度で示す。空気がもうそれ以上ないところまで水蒸気を含んだ飽和水蒸気は相対湿度100％といい、さらにその温度を下げると水蒸気は凝結して結露が始まるので露点温度という。温度と湿度の関係を表した図15を湿り空気線図と呼ぶ。ある水蒸気圧f（点B）の空気の温度を露点温度（点C）まで下げた時の水蒸気圧fₛなら、表面結露は天井・壁・床・ガラス等の表面に見られカビを伴うことがある。内部結露は各部位の内部に発生し建材を腐敗させたりすることもある。

（5）日射の遮蔽

日射量は、季節や時刻、方位により図16のように異なる。熱貫流による屋根や壁からの熱の流入を防ぐため、日射の当たる屋根や壁の断熱は重要である。また、夏には南面窓は庇などを設けて直達日射を遮る必要がある（図17）。

図 14 —— 断熱・熱容量と暖房時の室温変動
図 15 —— 露点温度と結露（湿り空気線図）
図 16 —— 水平および鉛直方向の直達日射量の違い（東京・夏至）
図 17 —— 庇により室内に入る日射を調整できる（東京）

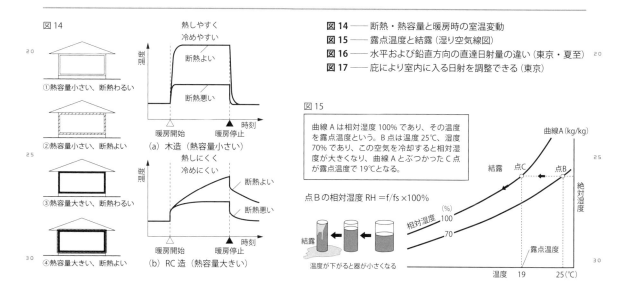

図 14

①熱容量小さい、断熱わるい

②熱容量小さい、断熱よい

③熱容量大きい、断熱わるい

④熱容量大きい、断熱よい

熱しやすく冷めやすい
断熱よい
断熱悪い
温度
暖房開始　暖房停止　時刻
（a）木造（熱容量小さい）

熱しにくく冷めにくい
断熱よい
断熱悪い
温度
暖房開始　暖房停止　時刻
（b）RC造（熱容量大きい）

図 15

曲線Aは相対湿度100％であり、その温度を露点温度という。B点は温度25℃、湿度70％であり、この空気を冷却すると相対湿度が大きくなり、曲線Aとぶつかったc点が露点温度で19℃となる。

点Bの相対湿度 RH ＝f/fs ×100%

結露　温度が下がると器が小さくなる

曲線A（kg/kg）
結露　点C　点B
絶対湿度
相対湿度
（%）
100
70
露点温度
温度　19　25（℃）

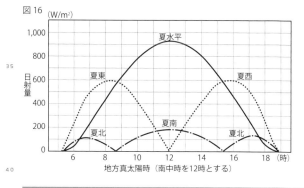

図 16

（W/m²）
1,000
800
600
400
200
0
日射量
夏水平
夏東
夏西
夏北
夏南
夏北
6　8　10　12　14　16　18（時）
地方真太陽時（南中時を12時とする）

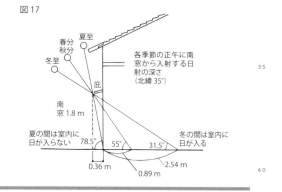

図 17

夏至
春分秋分
冬至
各季節の正午に南窓から入射する日射の深さ（北緯35°）
庇
南窓 1.8 m
夏の間は室内に日が入らない
冬の間は室内に日が入る
78.5°　55°　31.5°
0.36 m　0.89 m　2.54 m

5.4　空気環境の計画

(1)室内空気の汚染

　室内ではさまざまな汚染物質が発生し、空気が汚染される。室内の空気を清浄に保つことは、人間の健康や室内の快適性において重要であり汚染物質を排出して新鮮な外気を取り入れる必要がある。この空気の入替を**換気**という。汚染源としては、①人間、②燃焼機器、③建築内装仕上材・家具、④その他室内で発生する物質などがある。室内で発生する主な汚染物質を表3に示す。

　空気質と換気に関するビル管理法*および建築基準法を表4、表5に示す。新築やリフォームした住宅に入居した人が、建材や家具などから発散する揮発性有機化合物（ホルムアルデヒド、トルエン、キシレンなど）が原因で、目がチカチカしたり、のどの痛み、めまいや吐気、頭痛などの症状を起こす「**シックハウス症候群**」が問題となった。これにより2003年、シックハウス対策のための規制が導入された。ホルムアルデヒド対策（**図18**）として、内装仕上材の制限（**表6**）、原則として住宅の場合**換気回数0.5回/h以上**の機械換気設備（24時間換気システムなど）の設置を義務付け、天井裏などの制限について建築基準法が改正された。

(2)換気と必要換気量

　必要換気量の求め方は、従来の経験値から求める方法、汚染物質の発生量に応じて計算により求める方法および建築基準法により求める方法がある。換気回数と必要換気量（参考値）を表7に示す。

(3)換気の種類

　換気方法には、**自然換気**と**機械換気**（強制換気）がある。自然換気には、図19に示すように風力による**風力換気**と圧力差による**重力換気**がある。機械換気は、給気と排気の組合せにより図20の

表3 ── 室内で発生する主な汚染物質
表4 ── ビル管理法の測定項目（ホルムアルデヒドは、新築後の最初の6〜9カ月に1回、以後は2カ月以内に1回測定：空気1㎥につき0.1 mg以下）
表5 ── 建築基準法における換気に関する規制
表6 ── 建築材料の基準
*ビル管理法（通称）：建築物における衛生的環境の確保に関する法律

表4

浮遊粉じん	0.15mg/m³ 以下	すべて
一酸化炭素	10ppm 以下	2ヶ月以内に1回
二酸化炭素	1,000ppm 以下	
温度	17℃以上　28℃以下	
相対湿度	40%以上　70%以下	
気流	0.5m/sec 以下	

表3

発生源	汚染物質の例
人体・活動	体臭、CO_2、アンモニア、水蒸気、細菌、フケ、粉じん、繊維
煙草煙	粉じん（タール、ニコチン、その他）、CO、CO_2、アンモニア、NO、NO_2、炭化水素類、各種の発がん物質
燃焼機器	CO、CO_2、NO、NO_2、SO_2、炭化水素類、煤煙・水蒸気
建物（特に建材・施工材）、メンテナンス	ホルムアルデヒド、トルエン、キシレン、アスベスト繊維、ガラス繊維、ラドンおよび壊変物質、浮遊粉じん、ダニ、カビ、真菌、砂じん

表5

居室の換気設備の条件
・自然換気の場合 　①換気設備（排気口など） 　②床面積の1/20以上の換気に有効な窓面積 ・機械換気の場合 　①1人当たり20㎥/h以上の換気量 　②中央管理方式の空調設備では表6の濃度基準
火気使用室、特殊建築物（劇場、映画館、演芸場、公会堂、集会場 など）：政令で定める技術的基準に従った換気設備

表6

ホルムアルデヒドの放散速度*	告示で定める建築材料		大臣認定を受けた建築材料	内装仕上制限
	名称	対応する規格		
5μg/㎡h 以下	規制対象外建材	JAS、JIS の F☆☆☆☆	第20条の5 第4項の認定	制限なく使用できる
5μg/㎡h 超 20μg/㎡h 以下	第3種ホルムアルデヒド発散建築材料	JAS、JIS の F☆☆☆	第20条の5 第3項の認定	使用面積を制限
20μg/㎡h 超 120μg/㎡h 以下	第2種ホルムアルデヒド発散建築材料	JAS、JIS の F☆☆	第20条の5 第2項の認定	
120μg/㎡h 超	第1種ホルムアルデヒド発散建築材料	無等級		使用禁止

*測定条件：温度28℃、相対湿度50%、ホルムアルデヒド濃度100μg/㎥（指針値）

ように分類される。また室内の換気する範囲から見ると、**局所換気**と**全体換気**に分けられる。局所換気は、台所のガスレンジのように局所的に汚染空気が発生する場合、汚染物質が室内に拡散する前に室外に排出させるために設けられる。また、炭酸ガスやホルムアルデヒドなど室内の広い範囲から発生する汚染物質の排出には全体換気を用いる。

(4)換気計画

　換気する時は、できるだけ汚れた空気を排出させ、排出した空気が再度外気として入らないようにする必要がある。換気は一般的に給気口から排気口への空気の流れ（**換気経路**）が長いほど効率よく行われる。換気経路が短いと換気効率が低下し、その現象を**ショートサーキット**（図21）という。計画の際は、ショートサーキットにならないよう換気口の位置に注意し換気経路を考えることが重要である。

(5)通風

　換気は室内に入る空気の量を重視するが、通風は夏季、室内に十分な風を導き、その風によって快適な涼しさを得ようとすることである。通風効率を上げるには、夏季の最多風向きに合わせて開口を設ける。風の通り道のでき方を図22に示す。

図 18 ── ホルムアルデヒド対策
表 7 ── 換気回数と必要換気量
図 19 ── 自然換気の分類
図 20 ── 機械換気の分類
図 21 ── ショートサーキット
図 22 ── 建物内での風の通り道のでき方（平面図）

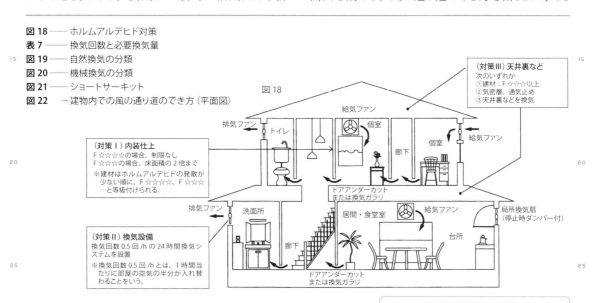

図 18

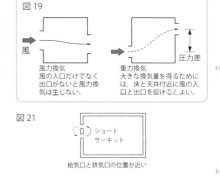

図 19

風力換気
風の入口だけでなく出口がないと風力換気は生じない。

重力換気
大きな換気量を得るためには、床と天井付近に風の入口と出口を設けるとよい。

圧力差

表7

	室名／暖房方式	換気回数（回/h）	必要換気量（参考値）（m³/h）
部屋	一般居室	＊0.5	7.5 〜 15
	台所	＊0.5	40 〜 60
燃焼器具	開放式		排ガスの40倍
	半密閉式		排ガスの2倍

＊ 2003 年建築基準法に基づく。居室とは、居間、寝室、子供室、食堂、台所など、居住、執務、作業などに継続的に使用する室のことをいい、居室でない廊下、トイレ、浴室についても居室の排気の換気経路となっている場合は居室として扱われる。都市ガス排気量：5.343m³/m³、天然ガス排気量：13.9m³/m³、灯油排気量．11.61m³/kg

図 21

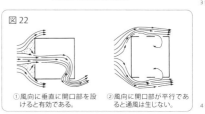

ショートサーキット

給気口と排気口の位置が近い

図 20

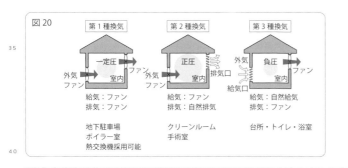

図 22

①風向に垂直に開口部を設けると有効である。

②風向に開口部が平行であると通風は生じない。

5.5　音環境の計画

（1）音とは

　手を叩くと空気が振動して音波が生まれ、空中を秒速340m（15℃）で伝搬する。人の耳はその音波を鼓膜の振動に変え、さらに神経を通じて大脳に伝わり音として知覚される。

（2）音の知覚

1）音の3属性

　音がどのように聞こえるかは、**音の大きさ**（ラウドネス）、**音の高さ**（ピッチ）、**音色**の3属性（図23）によって表すことができる。

2）音の大きさのレベル

　音の強さは物理量であり、音の大きさは心理的な音の大小をいう。正常な聴覚をもつ人が、ある音を聞き同じ大きさに聞こえる1,000Hz（ヘルツ）の純音の音圧レベルを**ラウドネスレベル**といい、単位はphon（フォン）である。図24は**等ラウドネス曲線**である。この曲線は、純音の周波数を変えて、1,000Hzの純音と等しい大きさに聞こえた音圧レベルを結んで得られたものである。標準的な人の耳は音圧レベルで0 ～ 120dB（デシベル）、周波数

では20 ～ 20,000Hzの音を聞くことができる。

3）騒音レベル

　40phonの等ラウドネス曲線に近似したフィルター（A特性）を用いて、主観的な音の大きさを評価した値が**騒音レベル**である。単位はdBである。

4）生理的・心理的効果

　聞く人にとって好ましくなく不快で邪魔な音は騒音となる。駅のホームのように電車の走行音やアナウンスなどでうるさい所では、話し声が聞き取りにくくなる。このようにある音がほかの音をマスクすることを**マスキング現象**という。また、人は周囲がうるさくても、聞きたい音に注意を向けることにより聞き取ることができる。この現象を**カクテルパーティ効果**という。

5）加齢

　加齢による聴力の衰えは、高音域から聞こえにくくなってくる。聴力低下により聞こえの適正なレベル範囲が狭くなり、小さい音は聞こえず、聞こえ始めると急激に音は大きく聞こえる。この現象を**リクルートメント現象**という。

図23── 音の3属性
図24── 等ラウドネス曲線（ISO 226：2003）　耳の感度が最もよい周波数は4,000Hz付近である。
図25── 空気伝搬音と固体伝搬音

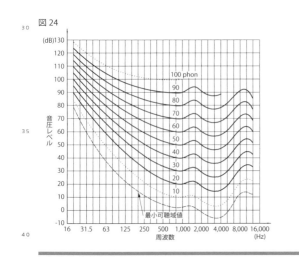

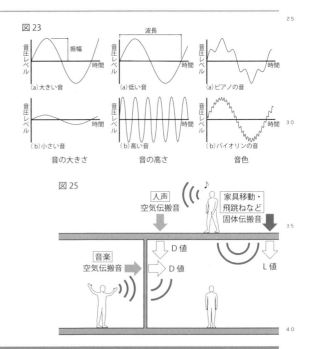

（3）住まいの音と対策・評価

1）音の伝搬

音の発生と伝搬によって、音が空気中に放射され、空気中を伝搬してくる**空気伝搬音**（空気音）と、固体中を伝搬し最後に空気中に放射される**固体伝搬音**（固体音）がある。集合住宅などで上階の床から伝わってくる床衝撃音は、固体伝搬音であり、物を落とした時の**軽量床衝撃音**と子供が飛びはねたりした時の**重量床衝撃音**に分けられる（図25）。

2）残響

音楽ホールでは音が美しく聞こえるように適度の響き（残響）が重要となり、会議室では言葉が明瞭に聞こえるように残響は短めにする必要がある。

3）吸音と遮音

音源から伝わってきた音は建物の外壁に入射すると、エネルギーの一部は反射され、一部は外壁に吸収され、残りは透過する（図26）。

室内の音の響きは使用される材料および施工方法などにより異なり、吸音率の小さい材料を使った室は音が響き会話がしにくい室となる。吸音率の異なる代表的な3種類の吸音機構を図27に示す。また、静かな室をつくるためには、室内に音を入れないことが重要であり、遮音性能のよい材料を使う必要がある。遮音性能は音響透過損失（dB）で表される。

4）音の評価

環境基準は、一般騒音（主に道路騒音）、航空機騒音、新幹線騒音について規定されている。「騒音に係わる環境基準について」では、一般地域と道路に面する地域について基準が定められている。道路に面する地域は、地域の類型により道路車線が規定されており、その道路に面しない地域は一般地域となる。騒音に係わる一般地域の環境基準を表8に示す。「騒音に係わる環境基準について」は、観測時間Tにおけるエネルギー平均値である等価騒音レベルで評価される。集合住宅の空気伝搬音（音圧レベル差）は、JIS A 1419-1の遮音等級D_rで、また床衝撃音レベルはJIS A 1419-2の遮音等級L_rで評価される。室間音圧レベル差D_rは数値が大きいほど、床衝撃音レベルL_rは小さいほど性能が良い。

図26── 音の反射・吸収・透過と吸音率
図27── 吸音機構の種類　低音から高音の吸収には、孔あき板の裏に多孔質材料を入れるとよい
表8── 騒音に係わる環境基準（環境基本法第16条より。等価騒音レベル$L_{Aeq,T}$）

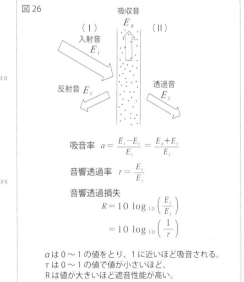

図26

（I）　　吸収音
　　　　　E_a　（II）
入射音
E_i
反射音 E_r　　　透過音
　　　　　　　　E_t

吸音率　$a = \dfrac{E_i - E_r}{E_i} = \dfrac{E_a + E_t}{E_i}$

音響透過率　$\tau = \dfrac{E_t}{E_i}$

音響透過損失
$R = 10 \log_{10}\left(\dfrac{E_i}{E_t}\right)$
　　$= 10 \log_{10}\left(\dfrac{1}{\tau}\right)$

aは0〜1の値をとり、1に近いほど吸音される。
τは0〜1の値で値が小さいほど、
Rは値が大きいほど遮音性能が高い。

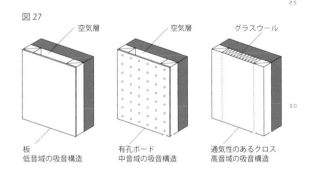

図27

空気層　　空気層　　グラスウール

板
低音域の吸音構造

有孔ボード
中音域の吸音構造

通気性のあるクロス
高音域の吸音構造

表8
　　　　　　　　　　　　　　　　（環境基本法第16条）

地域の類型	基準値 (dB)	
	昼間（6〜22時）	夜間（22〜6時）
AA	50 以下	40 以下
A および B	55 以下	45 以下
C	60 以下	50 以下

AA：療養施設・社会福祉施設に供される地域。
A：専ら住居に供される地域。
B：主として住居に供される地域。
C：住居、商業、工業等に供される地域。

⑥ インテリアの計画

鉄とガラスとコンクリートの白い四角い家、近代住宅はル・コルビュジエのサヴォア邸に始まったともいわれる。自然の連続性を妨げないピロティ、ドミノシステムによる自由なファサード、RC構造が可能にした屋上庭園と水平連続窓などは、石やレンガの組積式構造から解放された近代建築の明るく開放的なインテリアが高らかに謳いあげられている。近代のインテリア計画の原点がここにある。

手前の椅子はル・コルビュジエが手がけたシェーズロング

6.1 インテリア概論

（1）インテリアの始まり

インテリア（interior）は、「内側」「室内」という意味であるが、ふだん私たちは、室内装飾や照明・色彩計画、家具配置などの意味で「インテリア」という言葉を使うこともある。

私たちの生活の始まりは、厳しい自然や外敵にさらされる広大な外界に対して、安全でくつろげる私的な空間を獲得することであったと思われる。

人は原始的な暮らしにおいても、毛皮を身にまとい、木陰に涼を求め、洞窟に雨風を避け、火をおこして炊事し、餓えと寒さをしのいだであろう。

図1──ファンズワース邸　鉄とガラスによる明るく開放的なミースの代表作（設計：ミース・ファン・デル・ローエ、1950年、アメリカ）

定住が始まると、石や木などの身近にある材料を用いて風土や生活のあり方に合わせ、住まいを意図的に構築するようになった。

時代が下ると、石造空間では冷たさを避けるために、床にカーペットを敷き、壁にタペストリーを掛け、椅子やベッドの上で暮らし始めるようになる。これが今でいうインテリアの始まりであったと思われる。わが国では、肌触りのよい木造住居の中に畳、障子や襖、屏風や御簾などのしつらいが、独特のインテリアを形成してきた。

（2）現代のインテリア

20世紀初頭のモダニズム運動は、インテリアをおおっていた石やレンガの重厚な壁を、鉄とガラスとコンクリートの軽快なデザインに置き換えた（図1）。合理性を追求した新しい時代の雰囲気に呼応したインテリアの誕生である。こうしてモダニズムはインターナショナル様式として、全世界に普及する。

その後、普遍性や合理性、生産性を旗印としたモダニズムに疑問を唱える声が上がり、1960年代後半になると、象徴性や地域性をインテリアに表現するポストモダンやローカリズムの動きが起こり、個性的で内面的な「私」の視点からつくり上げるインテリア空間が注目されてきている。

6.2 インテリア計画のプロセス

(1) イメージを決める

空間は点・線・面・立体で構成されており、インテリア計画ではこれらが表現の要素となる（図2）。空間に対しては、住む人の性別、年齢、さらにライフスタイルを考慮したデザインを提案するために、まず与条件を整理して基本となるコンセプトを考え、そこから空間の素材と質感、色と形を検討していく（図3）。

イメージづくりには、さまざまな空間を体験したり、映画や小説などから手がかりを得たり、また自然界にある形や色も着想を得るうえで参考になる。

(2) スタイル

インテリアのスタイルは、和、洋、和洋折衷に大きく分けることがある。このスタイルにモダンやクラシック、フォーマルやインフォーマルなどのキーワードを加味して、家具や照明、小物といったエレメントを検討していく（図4）。

一般的に、室内のスタイルと家具・照明や小物のエレメントのスタイルは、統一するとまとまりのある空間ができる。

(3) ゾーニングと動線計画

空間の用途や機能はさまざまである。くつろぐ、食べる、寝る、作業する空間など、生活のあり方に応じて、求められるインテリアも異なってくる。

ゾーニングとは、住宅の中で行われるこうした生活の行為を分類することで、これをもとに暮らしを考えていく。住まいの中のゾーンは、生活行為により① パブリック（公室）ゾーン：リビング、ダイニングやキッチンなど家族で使う空間、②プライベート（私室）ゾーン：寝室など個人が使う空間、③サニタリー（衛生）ゾーン（水回り）：トイレ、洗面、浴室などの生理的空間、④通路ゾーン：廊下や階段、の4つに分けられる。さらにゾーンとゾーンのつながり（動線）を考え、空間の見え方（視線）も考慮したい（図5）。機能の異なる動線は重

図2 —— シンプルな要素を用いて大胆な空間をつくり出す
図3 —— インテリア計画のプロセス

図2

曲線の壁がやわらかな空間をつくり出す（ロンシャン礼拝堂、設計：ル・コルビュジエ、1951年、フランス）

壁と天井の境界が曖昧な不思議な空間（イマトラの教会、設計：アルヴァ・アアルト、1958年、フィンランド）

線と面のダイナミックな室内空間（ウエストタリアセン、設計：フランク・ロイド・ライト、1938年、アメリカ）

図3

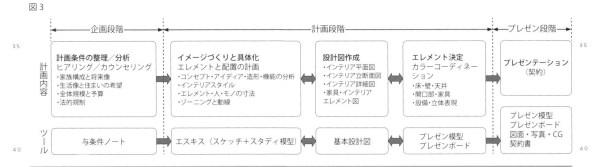

複しないように気をつけ（図6、7）、各室のゾーンと動線・視線を考慮しながら、家具、照明やさらに採光、通風、換気、空調などをバランスよく計画していく。個々のエレメントを配置する際は、使い勝手はもちろん、全体の質感、色彩、イメージが調和した、一体感のある空間づくりを目指す。

（4）カラーコーディネーション

カラーコーディネーションとは、色彩の配置、調和や対比を考えることで、色彩はインテリアの印象を決める重要な要素である。視覚は人間のもつ五感（視覚、聴覚、嗅覚、触覚、味覚）のうち、80％以上を占めるといわれる。

カラーコーディネーションでは、色を以下の3つに分類して計画を進める。

①床・壁・天井の**基調色**（ベースカラー）を決める。簡単に変更しにくいので強い色は避ける。一般的に明るい色を上に、暗い色を下にする方が圧迫感を感じさせない。

②カーテン・カーペット、家具などの**配合色**（アソートカラー）で、空間の特性を表現する。

③照明、インテリア小物などの**強調色**（アクセントカラー）で、季節の変化や生活のシーンを演出するなど、個性を発揮できる。

色の組合せとともに、面積配分も考える。基調色は、床・天井・壁全体の面積の約70％に用いられ、配合色と強調色の面積配分は全体の25％と5％程度が目安と考えられている。店舗などでは逆もありえる。

色彩によって、落着き、開放感、賑やかさを演出でき、また明度を高くすると狭い部屋を広く見せることができる。たとえば、寝室を落着きのある

図4── インテリアのスタイルの例（設計：DEN住宅研究所）
図5── ゾーニングの概念　サニタリーゾーンを中心に置いてパブリックとプライベートのゾーン計画を考える。
図6── 住宅におけるゾーニングの例（U邸、設計：DEN住宅研究所）　サニタリー、通路ゾーンを中心に、公室、私室ゾーンの配置を考える。

図4
モダン（T邸）　　　　クラシック（S邸）

和風（M邸）

図5

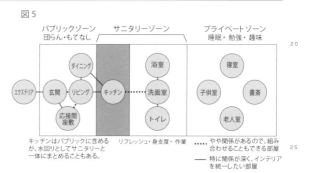

キッチンはパブリックに含めるが、水回りとしてサニタリーと一体にまとめることもある。
リフレッシュ・身支度・作業
やや関係があるので、組み合わせることもできる部屋
── 特に関係が深く、インテリアを統一したい部屋

図6

雰囲気にしたい時は基調色を暖色系で少し暗めに抑えた仕上（低明度・低彩度の配色）とし、居間を暖かみのある色で仕上げるには、基調色を暖色系で低彩度・中明度かつコントラストの小さな配色でアクセントをつけるなどが例としてあげられる。逆にクールで都会的に演出するには、基調色を寒色系・低彩度として、強調色で明度差を強調した配色にする（**表1**、**図8**、9）。

　調和しやすい色の組合せの考え方には、次の2つがある。①色相を同系色にそろえ、明度または彩度を変える。②まったく異なる色相を対比させ、明度、彩度はなるべくそろえる。

図7──動線を考えるエスキスの過程の例
表1──空間イメージを表す言葉と配色の例
図8──言葉のイメージスケール（数字は表1の番号に対応）
図9──トーンの分類の例（PCCSトーン、数字は表1の番号に対応）

図7

動線のよしあしは、空間の使い勝手や家具類の配置などと合わせて検討される。

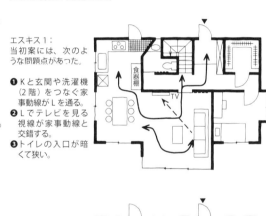

エスキス1：
当初案には、次のような問題点があった。

❶ Kと玄関や洗濯機（2階）をつなぐ家事動線がLを通る。
❷ Lでテレビを見る視線が家事動線と交錯する。
❸ トイレの入口が暗くて狭い。

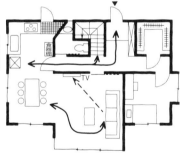

エスキス2：
問題❶、❸は解決したが、❷の不満は解消されず、新たな問題として、❹食器棚が小さくなる。

採用案：
問題❶〜❹すべてを解決。Lに近く昔か気になるトイレは、東側寝室寄りの下駄箱の奥に移動。
❺ ウォークインクローゼットが小さくなった分を階段下にて補った。

表1

①モダン （現代的）	・低彩度・明度差があり、寒色系 ・白、グレイ、黒、シルバー、原色など ・シャープ、都会的
②クラシック （古典的）	・中〜低彩度・中〜低明度・暖色系、コントラストは小さい ・エンジ、ブラウン、パープルなど ・正統的、フォーマル
③ゴージャス （華麗）	・中彩度・中〜低明度 ・エンジ、ブラウン、黒、ゴールドなど光沢のあるもの ・豪華、成熟した
④エレガント （優雅）	・低彩度・中明度を中心に、コントラストの小さい配色 ・ピンク、ラベンダー、ベージュ、オフホワイトなど ・繊細、品のよい
⑤ナチュラル （自然志向）	・低〜中彩度・中明度・暖色系 ・ベージュ、ブラウン、オフホワイトなど ・天然素材、素朴な
⑥カジュアル （くつろいだ）	・彩度や色相のコントラストは大きい ・白、ベージュ、ピンク、グリーンなど ・日常的な、気さくな

図8

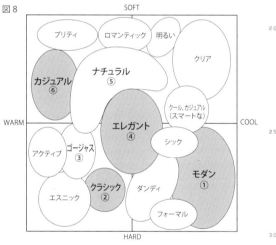

図9

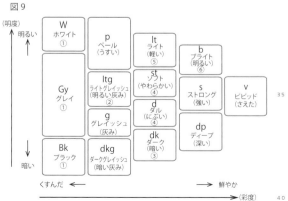

6.3　人間工学

（1）人間工学

　人間工学は「人間の作業能力と限界を知り、それに合わせて機械や道具などの使いやすさを追求する学問」のことである。

　産業革命後、機械の発達とともに事故が多発した。こうした状況を改善するために、操作する人に機械を合わせる必要性が高まり、安全性と作業効率を高めるため人体寸法や作業域、姿勢を研究する人間工学が確立された（図10〜13）。

　近年は、効率だけでなく、作業する時に椅子を置くなど、ゆとりを考慮したもの、子供や高齢者や障害者にも使いやすいこと、また、日常生活の作業

向上、作業空間の改良や環境の改善、安全対策などの研究が進んでいる（図14〜16）。

（2）生活の場の人間工学

　衣（衣類や履きもの）・食（包丁、食器、釜などの調理道具、キッチン設備）・住（家具、建具、設備）においては、機械（道具）を使いこなすうえで、安全で作業性のよいことに加え、疲れにくいことが求められる。キッチンを例にとると、作業動作をもとにカウンター高さを決める。また椅子の座面と背もたれのなす角度は、大きくなるほど作業用から休憩用になるなど用途を決める重要な要素である。

図 10 ── 人体の基準寸法　身長を H とした場合の基準寸法を表す。
図 11 ── 作業域（動作域）の定義（mm）
図 12 ── 椅子座で手が届く範囲（mm）
図 13 ── 休息用椅子の基準寸法

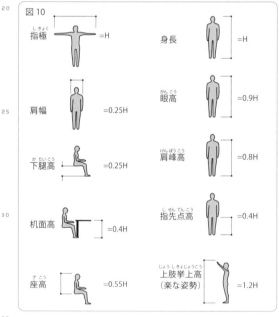

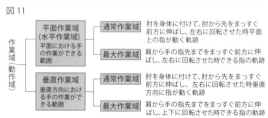

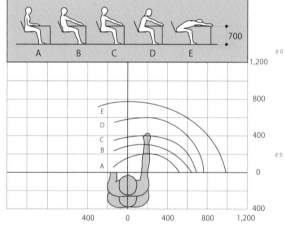

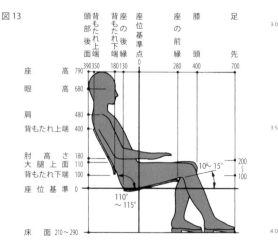

（3）ポピュレーションステレオタイプ

多くの人々に浸透している先入観、思い込み、固定観念、偏見や差別などの類型化された観念のことをステレオタイプというが、人間の集団において無意識のうちに共有される動作や行動の特性をポピュレーションステレオタイプ（習慣や伝統により集団において共有される動作特性）と呼ぶ。

道具や空間を計画するときに、誤操作を避け、安全性・使いやすさを得るために重要な概念である。多くの人が右利きであることもステレオタイプの一例と考えられる。エドワード・T・ホールが指摘した、他者の侵入を嫌う動物の縄張りの存在、人間のパーソナル・スペースがもたらす安心感などもこの例といえる。

テレビのボリュームのつまみは、回転式では右回り（時計回り）に回すと音量が上がり、移動式では左から右へスライドすると音量が上がる。

信号機の点滅の流れは、目の動きに合わせて左から右に移動し、エレベーターの階数表示も左（低層）から右（高層）へと並べられている。

これらの例を逆手にして安全を図る例として、こんろの消火つまみは緊急時に無意識に右に回したとき消えるように、またレバー式水栓は地震時の落下物で水が出ないように下方向で止まる設定になっているなどは知っておきたい。また、乳幼児や小児の予想外の行動についても留意しておきたい。

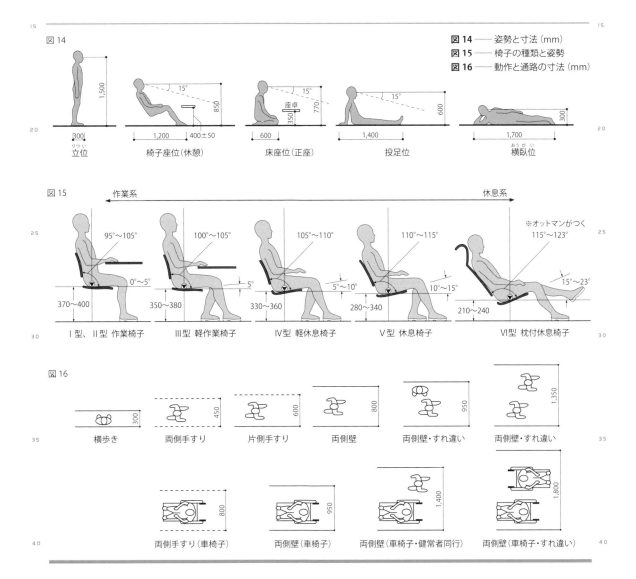

図 14 —— 姿勢と寸法（mm）
図 15 —— 椅子の種類と姿勢
図 16 —— 動作と通路の寸法（mm）

6.4　キッチン・サニタリーの計画

（1）キッチンの計画

1）要求性能

　キッチン、浴室・洗面・トイレは、暮らしの中で欠くことのできない設備空間で、「水回り」と呼ばれる。中でもキッチンは忙しい現代社会において、家族が集まり、対話する空間として重要である。キッチンにおいても現代のライフスタイルやライフサイクルに応じてプランを決定していく。

　なお、作業を行う場でもあるから、人体寸法や動作特性をもとに垂直・平面寸法を決める必要がある（図17）。そのほか、採光・音・換気・温熱など室内環境への配慮も必要である。機能だけでなく、防汚性やメンテナンス性も検討しなくてはならない。

　キッチン計画においてはまず調理作業上の動線すなわち冷蔵庫、シンク、加熱調理機器の各前面中心を頂点とする**ワークトライアングル**（作業の三角形）の長さを検討する（図18、表2）。住宅内でのキッチンの位置には、公室ゾーンの中心に置くオープンタイプと、調理作業を充実させるクローズドタイプがある（図19）。

2）動作空間と寸法

　キッチン設備のうち、シンク、調理台、加熱調理機器の、高さ・奥行・幅の寸法を最初に検討する（図17）。寸法計画では、まず「高さ」（重力寸法）を優先させ、次に「奥行」と「幅」を使い勝手や作業内容で決めていく。

図 17──ワークトップの作業幅
図 18──ワークトライアングル　シンク、加熱調理機器、冷蔵庫の中心を結んだ三角形のこと。
表 2──キッチンのレイアウトのタイプと特徴

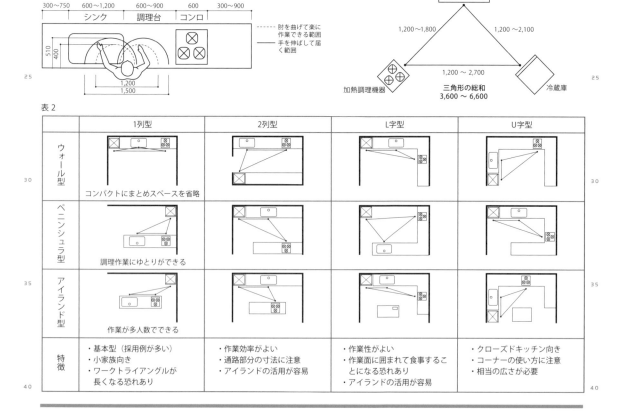

　キッチンの動作寸法は、冷蔵庫、収納庫、作業台などの配置に加え、コンセントの位置や作業者の体格、複数での作業などからスペースを検討する必要がある。動作寸法には立位姿勢のほかに、扉の開閉や、低い位置から物を取り出す姿勢など、その分のゆとりを取り入れる（図10）。

（2）サニタリーの計画

　浴室・洗面・トイレの衛生空間をサニタリーと呼ぶ。サニタリーの平面タイプには、①ワンルーム型（bwt）、②バスルーム独立型（b・wt）、③セパレート型（b・w・t）がある（図20、21）。

　近年の浴室は、さまざまなスタイルや機能をもち多様化している。洗面・トイレと近接して置かれることが多いが、ゆとりのスペースやバスコートがあるもの、多機能シャワーやサウナ等の機能が充実したもの、バリアフリー性を重視したものなど、さまざまな平面計画があげられる。

　サニタリーの住宅内での位置はキッチンや居間の近く、寝室の隣、あるいは介護のため寝室と一体にするなどあり、さらに施工技術の向上により、露天風呂のように屋上やテラスに独立して置いたり、日当たりのよい南側に置く例も見られる。

　住まいの中で浴室の配置が変化するとともに、床の高低差も問題として取り上げられるようになった。浴室と洗面脱衣室の境に排水溝をつくることで、これまで100mm以上あった浴室部分と脱衣室の床の高低差をなくして仕上げることが可能になった。これはバリアフリータイプと呼ばれ、車椅子をはじめ、さまざまな動きに対応することができる。さらに施工方法も従来の在来型に加え、防水性の向上や施工の簡易さからユニットバスの需要が伸びている。浴槽のつくりも、魔法瓶のように二重底で保温性を高める工夫や、残り湯を洗濯に使用する方法など省エネ・省資源に役立つものもある。反面、平面計画が画一的となり、ライフスタイルに合わせた浴室空間がつくりにくい欠点がある。

図 **19** —— オープンキッチンとクローズドキッチン
図 **20** —— 住戸形式とサニタリー形式の考え方
図 **21** —— サニタリーの多様なタイプの平面例

図 19

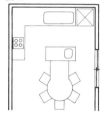

オープンキッチン
・同一空間での団らん、食事、調理が可能。キッチンが生活の中心となる。
・調理作業中に会話をかわし、人の動きを追える。
・動線の交差や音、匂いや煙、湿気に注意。

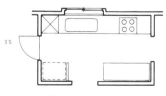

クローズドキッチン
・調理空間の充実が可能。
・収納や調理スペースがとりやすい。
・音、匂い、煙や湿気が他室にもれにくいが、収納を重視すると採光がとりにくい。
・コミュニケーションがとりにくく孤立しやすい。

図 20

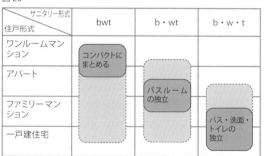

サニタリー形式／住戸形式	bwt	b・wt	b・w・t
ワンルームマンション	コンパクトにまとめる		
アパート		バスルームの独立	
ファミリーマンション			バス・洗面・トイレの独立
一戸建住宅			

図 21

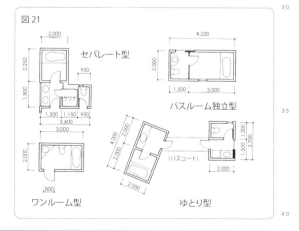

セパレート型

バスルーム独立型

ワンルーム型

ゆとり型

6.5　高齢者・障害者に配慮した住まい

(1) 高齢者・障害者に配慮した住まいの特徴

　人は高齢になるにしたがい、体力、筋力、握力、視力、聴力、記憶力などが衰えてくる。そこで、それぞれの身体特性に配慮した設計が求められる（図22、23）。具体的には、普段の生活動作を細かく分析して、困難な動作を容易にするための配慮を考える。また経年変化を予想し、福祉機器の利用も含めて検討することが必要である。

　まず段差の解消であるが、敷居などの小さい段差をできるだけなくす。道路から敷地、玄関土間、上がり框など各所の段差にも十分配慮する。具体的な配慮は人によって異なり、車椅子の人はスロープが有効であるが、疾病によってはスロープより階段状の方が利用しやすい。このほか、すべりにくい床、適切な位置の手すり、引戸、緩やかな階段、玄関にはベンチや車椅子置場などがあるとよい。照明は、グレアを抑えるとともに照度を高めにし、足元灯や人感センサー付照明を設置する。

　トイレ、浴室、寝室などには緊急呼出ボタンもあると安心できる。寝室はできればトイレと隣接させ、車椅子や介護に必要なスペースを確保する。また、在室時間が長くなることを考えて、自然光や外気を取り入れやすくし、外の気配がうかがえる工夫があるとよい。空気・温熱環境への配慮も大切で、ほこりが出にくく、掃除やメンテナンスが楽なデザインにする。冷暖房、湿度調節、空気清浄を行える機器を設置するなどして、快適な環境をつくる。そのほか生活の工夫として、つまずきの原因となる障害物（マット、スリッパ、電源コード他）の除去なども重要である。認知症の場合は、上記に加えて、徘徊や異食など認知症特有の症状への配慮も必要となる。

図 22── 高齢者や障害者に配慮した住宅設計のポイント

アプローチ
・スロープ、段差解消機
・手すり
・すべりにくい床材
・段差を見やすくする照明

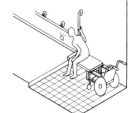

玄関
・スロープ、段差解消機
・手すり、腰掛台
・すべりにくい床材
・フットライト

階段
・勾配を緩やかにする
・手すり
・フットライト、3 路スイッチ
・踏板にすべり止を付ける
・エレベーター利用の検討

廊下
・切目なく手すりを付ける
・フットライト、3 路スイッチ
・人感スイッチの検討
・自然光も取り入れる
・通路幅は 85cm 以上

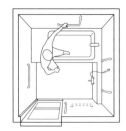

浴室
・脱衣室との段差をなくす
・引戸、手すり、移乗台
・緊急呼出ボタン
・シャワー用いす
・広さ 2.5 ㎡以上
・すべりにくい温床の検討

トイレ
・和式から洋式にする
・車椅子で利用できる広さ
・手すり
・引戸
・緊急呼出ボタン
・すべりにくい床材

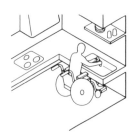

キッチン
・車椅子で使える機器高さ
・ガス漏れ警報機
・火災警報機
・照明の照度を上げる
・調節しやすい水栓
・すべりにくい床材

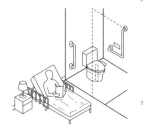

居室
・介護用ベッドの導入
・トイレ、浴室を近くに計画
・リフト、緊急呼出ボタン
・すべりにくい床材
・屋外に出やすいサッシ、掃出窓
・適度な照明とグレア対策

(2) 理念と制度

1) バリアフリーとユニバーサルデザイン

バリアフリーとは社会や生活の中のバリア（障害）を取り除くことを意味する。生活空間をバリアフリーにすることで、高齢者や障害者はもちろん、健常者にも快適な環境になるといえる。

ユニバーサルデザインはアメリカのロナルド・メイスが1980年代に提唱したもので、障害の有無や年齢、性別、人種等にかかわらず、多様な人が使いやすいようあらかじめ配慮したデザインのことである（表3）。文具、家具、設備、乗り物など、あらゆる分野で開発が進んでいる。

2) ノーマライゼーションとソーシャル・インクルージョン

ノーマライゼーションとは、デンマークのニルス・エリク・バンク・ミケルセンが1950年代に提唱した社会理念で、障害者等がほかの人と同じように生活できるようにすることが社会のあるべき姿（＝ノーマル）とする考え方である。いっぽう、近年普及しているソーシャル・インクルージョンという理念は、すべての人々を孤立や排除から援護し、社会の構成員として包摂して支え合うことを意味している。いずれの考え方も、高齢者や障害者など多様な人々が暮らしやすい空間づくりにつながっており、世界的な潮流となっている。

3) バリアフリー法とユニバーサル社会実現推進法

バリアフリー法（2006年施行）[1]は、高齢者や障害者等が生活しやすい環境づくりを目的としており、建築物や道路、公園、公共交通機関などに関して、バリアフリーの基準が定められている。さらに、2018年にユニバーサル社会実現推進法[2]が制定された。ユニバーサル社会とは、障害者、高齢者等が自立して生活できる社会を意味している。この法律のもと、関連する法制度が総合的、一体的に進められるようになった。

1) 高齢者、障害者等の移動の円滑化の促進に関する法律（バリアフリー法、2006年施行）
2) ユニバーサル社会の実現に向けた諸施策の総合的かつ一体的な推進に関する法律（ユニバーサル社会実現推進法）

図23 ── 高齢者用住宅の例（T邸、設計：DEN住宅研究所）
表3 ── ユニバーサルデザインの7原則

図23

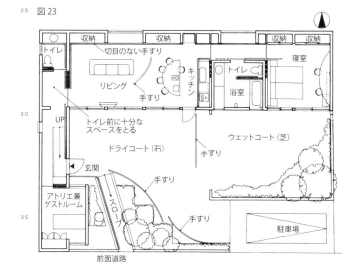

60代後半に車椅子を使うようになった妻と、介護のために退職した夫の2人住まい。
寝室と水回りは隣接し動線を短くしてある。妻は料理が趣味で、時には車椅子から降り、手すりに寄りかかりながら食事をつくる。

表3

1　誰にでも公平に利用できること（公平性）
誰にでも利用できるようにつくられており、かつ、容易に入手できること
2　使う上で自由度が高いこと（柔軟性）
使う人のさまざまな好みや能力に合うようにつくられていること
3　使い方が簡単ですぐわかること（単純性）
使う人の経験や知識、言語能力、集中力に関係なく、使い方がわかりやすくつくられていること
4　必要な情報がすぐに理解できること（わかりやすさ）
使用状況や、使う人の視覚、聴覚などの感覚能力に関係なく、必要な情報が効果的に伝わるようにつくられていること
5　うっかりミスや危険につながらないデザインであること（安全性）
ついうっかりしたり、意図しない行動が、危険や思わぬ結果につながらないようにつくられていること
6　無理な姿勢をとることなく、少ない力でも楽に使用できること（省体力）
効率よく、気持ちよく、疲れないで使えるようにすること
7　アクセスしやすいスペースと大きさを確保すること（スペース確保）
どんな体格や、姿勢、移動能力の人にも、アクセスしやすく、操作がしやすいスペースや大きさにすること

7 インテリアと家具

ピエーロ・ガッティらが1968年に発表したサッコは、ポリスチレン粒を化繊の布でおおったもので、軽量で、可動性に富む斬新な形であるが、ほかのあらゆる椅子と一線を画す特徴は、人の姿勢に椅子がついてくる自由性にある。従来、バウハウス以来の近代デザイン理論は、暮らしのさまざまな行為・行動にはそれぞれ適した姿勢があり、人の体格や使用目的に合った家具デザインを求める人間工学の基本とされるが、この椅子は自然で自由な暮らしのイメージで、ミラノ・デザインの先進性の評価を揺るぎないものとした。

椅子の形が姿勢に合わせて変化する

7.1 家具のとらえ方と動作空間

(1) 家具の機能的分類

　家具を分類する方法は、何に基準とするかによっていくつかある。たとえば住様式では**和家具**と**洋家具**に分けられ、形態を基準にすれば**脚物**（椅子、テーブル、デスク、ソファ、ベッドなど）と**箱物**（棚、たんす、キャビネット、ボードなど）に分けられる。さらに材料、構造、システムによる分類も可能である。ここでは人の生活を基準にした機能的分類について説明する（**表1**）。

(2) 人体と家具

1) 作業に対応する机・椅子の高さ・アイレベル

　人体系家具は、人体を目的の行為に適した姿勢に支えるためのもので、椅子と机の機能寸法の

標準値は6章の図12～15を参照されたい。執務や食事用の作業椅子ではその動作がしやすいように、座面高は下腿高（か たいこう）を基準に400mm程度とし、座面とテーブル面の差（**差尺**）を280～300mmとしている（**図1**）。椅子の休息度が増すにつれ座面は低く、背もたれ傾斜角は大きくなって背座面に体重を預けることが可能となり、ヘッドレスト付の休息椅子では仮眠も可能となる。しかし休息度の高い椅子ほど立ち座りのための運動量が大きくなるので、椅子を選択する際は生活行為の流れの中で、使用者の立ち座りの運動量も考慮してそれぞれの休息度を設定することが重要である。

　座面高や背もたれ角が変化すると、人のアイレベルも変化し、空間の見え方も変化するので、立位・椅子座・床座のアイレベルの関係、テレビ、キャビネット、間仕切の高さなどとの相関関係についても検討が必要である。

2) 食事・作業のスペース

　テーブルの高さについては主に**作業点**（実際に作業を行う位置）を基準に考える。たとえば、製図板を用いる場合は製図板の厚み（たとえば30mm）を含めた差尺とすればよい。作業によって作業点が変化する場合は、ガス昇降装置の付いた事務用椅子が便利である。食卓では、食器の形状と

表1——家具の分類

分類	家具の機能	人と物	例	形態的分類
人体系家具 （アーゴノミー系） 体具	人体を支える 姿勢を支える		小椅子 ソファ 寝椅子 ベッド	脚もの
準人体系家具 （セミアーゴノミー系） 台系家具	物を支える 作業を支える		テーブル デスク カウンター 座卓、教卓	脚もの 箱もの
収納家具 建物系家具 （シェルター系）	収納や遮断・ 区画をする		本棚、飾棚 食器棚 ワードローブ たんす	箱もの

食事動作の違いから洋食のテーブルは高めがよく、和食の場合は食器を持ち上げることもあり、低めがよいとされる。キッチンカウンターでは使用者の身長に加えて、使用するまな板の厚み、食材の寸法、鍋の深さなども考慮する。休息椅子に合わせるテーブルでは、飲物や書籍・新聞などのとりやすさを考慮するが、高さよりも人との位置関係（手の届く範囲かどうか）が、より重要となる。

　テーブルの甲板面積は、そこで用いられる物品（食器・書類・製図板などの寸法）と作業動作に必要な寸法で決まる。たとえば人が並んで食事する際の1人分の幅は、肘なし椅子で600mm程度、肘付椅子では750mm程度必要である（図2）。

3）休息・団らんのためのスペース

　休息椅子の幅は、1人分の座幅約600mmと肘幅70～150mmで構成される。したがって肘幅を100mmに設定すると、安楽椅子800mm、3人掛ソファ2,000mmとなる。奥行は、背の傾斜とクッションの厚みにもよるが、800mm前後が標準となる。椅子とセンターテーブルの間隔は、レッグスペースを考慮して300～450mmとするが、ソファの場合は中央に座った人の出入りに配慮して、大きめの間隔をとりたい（図3）。安楽椅子がフリースペースにランダムに置かれる図3下のような場合、椅子の背面が曲面であると自由に配置しやすく、歩きやすい動線となる。休息椅子を壁

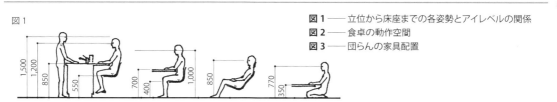

図1
1,500 / 1,200 / 850 / 550 / 700 / 400 / 1,000 / 850 / 770 / 350

図1 ── 立位から床座までの各姿勢とアイレベルの関係
図2 ── 食卓の動作空間
図3 ── 団らんの家具配置

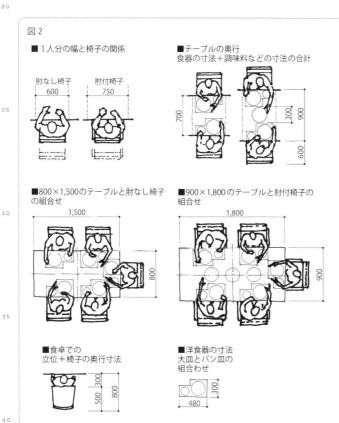

図2

■1人分の幅と椅子の関係

肘なし椅子 600　　肘付椅子 750

■テーブルの奥行
食器の寸法＋調味料などの寸法の合計
700 / 300 / 900 / 600

■800×1,500のテーブルと肘なし椅子の組合せ
1,500 / 800

■900×1,800のテーブルと肘付椅子の組合せ
1,800 / 900

■食卓での
立位＋椅子の奥行寸法
300 / 500 / 800

■洋食器の寸法
大皿とパン皿の組合わせ
300 / 480

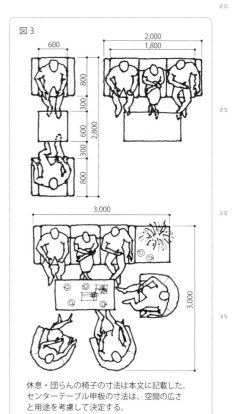

図3

600 / 2,000 / 1,800 / 800 / 300 / 800 / 600 / 300 / 800 / 2,800

3,000 / 3,000

休息・団らんの椅子の寸法は本文に記載した。センターテーブル甲板の寸法は、空間の広さと用途を考慮して決定する。

際に配置する際は、着席した人が後ろに体をそらしても頭が接しない程度の間隔（100〜200mm）をとると壁が汚れない。特に白い壁の際には留意したい。

4）収納と人体寸法 ── 動作域とアイレベル

収納家具の使いやすい場所は、手が届き、見やすい位置であり（図4、5）、それは人の身長によって異なる。車椅子使用者の収納では、その姿勢でのアイレベルかつ手の届く範囲に合わせる必要がある。収納には収納目的と物品の材質や形状に合わせて、開放棚、扉付棚（引戸、開戸）、引出し、ハンガーなどを使い分ける。扉付棚の取手や引手の位置や、引出しがアイレベルより高いと使いにく

いので注意する。

通常、使用頻度の高い物を使いやすい場所に収納し、低い位置や高い位置には使用頻度の低い物や季節はずれの物を収納するが、安全性からは重い物は低い位置に、軽い物は高い位置に収納する配慮も必要だろう。

収納家具の奥行は、まず収納する物の寸法が基準となる。たとえば、ワードローブでは外形で約600mm、下駄箱では400mm前後となる（図6、8）。一方、たたみ方で寸法に融通の利く衣類や小物などは、板材の経済的な寸法取り（**板取り**）を優先して450mmに設定する場合が多い（図7）。食器の収納は、大皿からコップなど寸法や形がさまざ

図4 ── 人体寸法（歩く・立つ）　　図7 ── 家具の作動域と収納動作の寸法 ②
図5 ── 収納と人体寸法の関係　　図8 ── 物品寸法と収納家具の奥行
図6 ── 家具の作動域と収納動作の寸法 ①

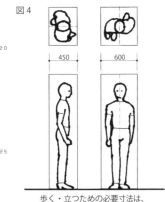

図4

歩く・立つための必要寸法は、歩く速度や設置条件で変化する。

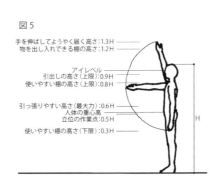

図5

手を伸ばしてようやく届く高さ:1.3H
物を出し入れできる棚の高さ:1.2H
アイレベル
引出しの高さ（上限）:0.9H
使いやすい棚の高さ（上限）:0.8H
引っ張りやすい高さ（最大力）:0.6H
人体の重心高
立位の作業点:0.5H
使いやすい棚の高さ（下限）:0.3H

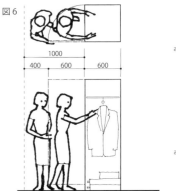

図6

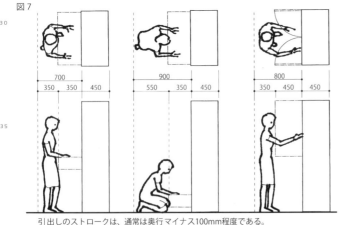

図7

引出しのストロークは、通常は奥行マイナス100mm程度である。
サスペンションレールは重い引出しも軽く引き出せ、ストロークも大きくとれる。

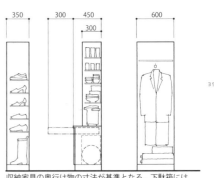

図8

収納家具の奥行は物の寸法が基準となる。下駄箱には通常、傘立や靴クリームなども収納される。

まで奥行の設定が難しいが、小物を何列も収納すると奥の物に手が届かず、極めて使いにくくなる。したがって小物の収納は、奥行300〜400mmとするか引出しを利用するべきである（図8）。

（3）動作空間と家具配置

1）動作空間（動作のための空間モジュール）

　家具を利用するためには、人が家具を操作する**動作域**と家具の**作動域**（扉の開閉や引出しの移動領域など）が必要になる。したがって家具を配置する際は、家具寸法に加えて人の動作域と家具の作動域の空間が確保されなければならない。以下、収納および歩行に関する基本データを図示する。

　家具を操作する動作域と家具の作動域を加えたものを家具の**操作域**とする（図9）。家具を利用するためには、この操作域を確保する必要性は前述したが、そのとらえ方は家具を配置する場所によって多少異なる。通常、住宅では、配置された家具すべてを同時に操作するケースはまれであろう。したがって住宅では、家具の操作域の重なりは問題にならない。一方オフィスや図書館など、大勢の人が同時に家具操作を行うと予想される場所では、それぞれの操作域を確保する必要があろう。

2）家具配置

　前項までの検討をもとに、主寝室とLDKの家具配置例を図示する（図10、11）。

図9 —— 家具配置の検討
図10 —— 主寝室の家具配置例
図11 —— LDKの家具配置例

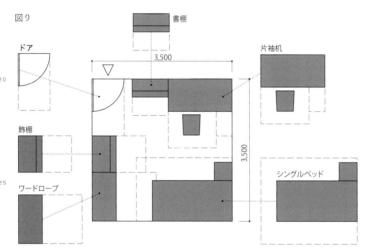

図9

ドア　飾棚　ワードローブ　書棚　片袖机　シングルベッド
3,500　3,500

■家具＋操作域（人の動作域＋家具の作動域）で考える。室内に配置する家具に、これまでに検討してきた家具の作動域を加えて検討する。個室の場合、同時に複数の家具を操作することはまれなので、操作域が重なっても支障はないが、操作域の上に家具を置いてはいけない。

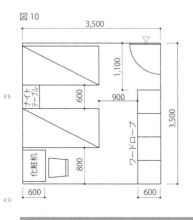

図10
3,500
1,100　600　900　800　3,500
600　600
ナイトテーブル　化粧机　ワードローブ

■1,000×2,000のシングルベッドを2つと600×600のワードローブを4本、600×450のナイトテーブルと800×600の化粧机を配置した。ワードローブの操作域は1,000mmが理想だが、内法3,500W（幅）の室内ではベッドとの間隔は900mとなり、さらにベッドで使用する寝具も多少はみ出してくる。しかし、ベッドの高さは低く、やわらかいためワードローブ操作には特に支障はない。

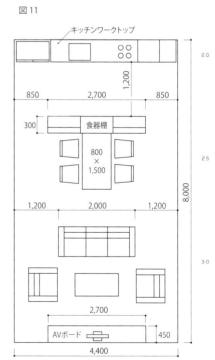

図11
キッチンワークトップ
1,200
850　2,700　850
300　食器棚
800×1,500
1,200　2,000　1,200
8,000
2,700
AVボード　450
4,400

■キッチンワークトップから1,200mm離して食器棚を3つ並べて空間を仕切った。両側の食器棚は、上部を300D（奥行）としてダイニング側に向け、中央の棚はキッチン側から使う。ダイニングテーブルは800×1,500とし小椅子を4脚セットした。リビングコーナーはソファと安楽椅子を左右に配した。壁際のAVボードは2,700×450のロータイプで液晶テレビを置いた。ここでは出入口・窓を考慮していないが、リビングダイニングの家具を左右に移動して対応する。

7.2 家具のデザイン　材料と加工技術

　家具にはさまざまな素材や加工技術が用いられており、それらに対応した家具デザイン（構造やフォルム）が追求されてきた。優れた家具デザインとは、それらの最適な組合せに到達したもので美しく耐久性があり、しかも機能的なデザインを指す。ここではさまざまなフォルムが展開されている木の椅子を中心に、材料と加工技術の面から家具デザインの代表的事例を示す（図12）。

（1）直材の椅子

　最も古くから行われてきた製法で、無垢の板材・角材・丸棒を加工し、**ほぞ**や**組接**などで組み立てる。近年では切削や接着技術も進化し、だぼやフィンガージョイント、ボルトナットなど金属を用

いた接合も行われる。また、Yチェア後脚のように複雑な形状もならい（コピイングマシーン）によって加工可能である。直材の椅子では前脚と後脚をつなぐ貫の接合が重要で、特に後脚との接合部に荷重が集中して破損する場合が多い。この接合部の加工精度と接着状態に注意したい。

　直材椅子の傑作にジオ・ポンティの超軽量椅子スーパーレジェーラ（1950年）がある。デザインも素晴らしいが、粘りのあるトネリコの良材を選び、極めて精密な加工技術で組み上げた職人技の極致を示す事例である。同じデザインでも、木材の選別と加工技術のレベルをどこに置くかによって製品の強度も価格も異なり、生産単位（ロット）の大小によっても価格は変化する。

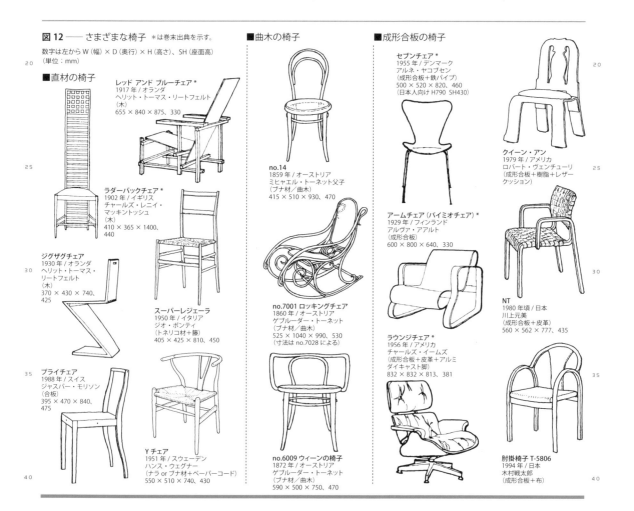

図12 ―― さまざまな椅子 ＊は巻末出典を示す。
数字は左から W（幅）× D（奥行）× H（高さ）、SH（座面高）
（単位：mm）

■直材の椅子

レッド アンド ブルーチェア ＊
1917年／オランダ
ヘリット・トーマス・リートフェルト
（木）
655 × 840 × 875、330

ラダーバックチェア ＊
1902年／イギリス
チャールズ・レニイ・
マッキントッシュ
（木）
410 × 365 × 1400、440

ジグザグチェア
1930年／オランダ
ヘリット・トーマス・
リートフェルト
（木）
370 × 430 × 740、425

スーパーレジェーラ
1950年／イタリア
ジオ・ポンティ
（トネリコ材＋籐）
405 × 425 × 810、450

プライチェア
1988年／スイス
ジャスパー・モリソン
（合板）
395 × 470 × 840、475

Yチェア
1951年／スウェーデン
ハンス・ウェグナー
（ナラ or ブナ材＋ペーパーコード）
550 × 510 × 740、430

■曲木の椅子

no.14
1859年／オーストリア
ミヒャエル・トーネット父子
（ブナ材／曲木）
415 × 510 × 930、470

no.7001 ロッキングチェア
1860年／オーストリア
ゲブルーダー・トーネット
（ブナ材／曲木）
525 × 1040 × 990、530
（寸法は no.7028 による）

no.6009 ウィーンの椅子
1872年／オーストリア
ゲブルーダー・トーネット
（ブナ材／曲木）
590 × 500 × 750、470

■成形合板の椅子

セブンチェア ＊
1955年／デンマーク
アルネ・ヤコブセン
（成形合板＋鉄パイプ）
500 × 520 × 820、460
（日本人向け H790 SH430）

クイーン・アン
1979年／アメリカ
ロバート・ヴェンチューリ
（成形合板＋樹脂＋レザー
クッション）

アームチェア（パイミオチェア）＊
1929年／フィンランド
アルヴァ・アアルト
（成形合板）
600 × 800 × 640、330

NT
1980年頃／日本
川上元美
（成形合板＋皮革）
560 × 562 × 777、435

ラウンジチェア ＊
1956年／アメリカ
チャールズ・イームズ
（成形合板＋皮革＋アルミ
ダイキャスト脚）
832 × 832 × 813、381

肘掛椅子 T-5806
1994年／日本
木村戦太郎
（成形合板＋布）

(2) 曲木の椅子

　曲木はミヒャエル・トーネットによって1860年頃に考案された加工技術である。木材が加熱含水した際に軟化することと引張に弱い点に注目し、高温蒸気で軟化させた木の外側に鉄板を固定して金型で締め付けて乾燥させる。これをかんなややすりで仕上げ、部品ごとに組み立てて塗装仕上を行い、椅子としての組立には木ネジとボルトナットを用いた。直材椅子に比べて接合部が少なく、細身で粘りのあるブナ材を用いており、軽量で強度も高い。世界初の量産組立家具として、価格と品質・デザインで世界市場を席巻した。

(3) 成形合板の椅子

　薄くスライスした板に接着剤を塗布して重ね、型で押して成形する技法で、高周波によって水溶性接着剤を発熱させて木部を軟化し、成形を促進する。2次曲面が基本だが多少の3次曲面は可能である。チャールズ・イームズが1956年に発表したラウンジチェアは成形合板椅子の初期の傑作である。

　一般には、背座面を一体成形したデザイン、サイドフレーム一体成形のデザインなどが多く見られ、軽量で高い強度が得られる加工法である。

(4) 金属の椅子

　金属の椅子では、鉄パイプの曲げ加工が開発された1920年代、鉄棒の電気溶接（フラッシュバット溶接）とアルミダイキャストが実用化された1950年代に画期的なデザインが次々と発表された。鉄パイプでは、マルセル・ブロイヤー（ワシリーチェア、1925年）やミース・ファン・デル・ローエらによって、背座が宙に浮いたような軽やかなデザイ

■金属の椅子

シェーズロング *
1928年 / フランス
ル・コルビュジエほか
（鉄パイプ+皮革）
605 × 1600

ハウ・ハイ・ザ・ムーン
1986年 / 日本
倉俣史朗
（エキスパンドメタル）
950 × 820 × 750

ワシリーチェア *
1925年 / ドイツ
マルセル・ブロイヤー
（鉄パイプ+皮革）
790 × 690 × 730、420

キャブ no.412
1976年 / イタリア
マリオ・ベリーニ
（鉄パイプ+皮革）
525 × 470 × 830、450

Landy
1938年 / スイス
ハンス・コレー
（成形アルミ+ゴム）
515 × 650 × 795、475

Meda
1999年頃 / ドイツ
アルベルト・メダ
（鋼材+ネット+アルミ鋳物）
495〜705 × 535 〜 825 ×
1000〜1200

ブリア
1968年 / イタリア
ジャンカルロ・ピレッティ
（鋼管+アルミ鋳物+樹脂）
470 × 460 × 750、450
（折畳み時W470 ×
H890 ×厚 45）

DKR
1957年 / アメリカ
チャールズ・イームズ
（鉄棒+電気溶接）
500 × 525 × 840

MRチェア *
1949年 / ドイツ
ミース・ファン・デル・ローエ
（鉄パイプ+皮革）
490 × 690 × 790、460

■プラスチックとその他の椅子

エッグチェア *
1958年 / デンマーク
アルネ・ヤコブセン
（硬質発泡樹脂+アルミダイキャスト脚）
860 × 790 〜 950 × 1070、370

ウイグルサイドチェア
1972年 / アメリカ
フランク・O・ゲーリー
（段ボール）
350 × 610 × 870、430

スザンヌ
1965年 / イタリア
高浜和秀
（発泡ウレタン+アルミ）

アーロンチェア
1994年 / アメリカ
ビル・スタンフ、ドン・チャドウィック
（樹脂+ネット+鋼材）
655 × 880〜980、380〜480 ×
685 × 930〜1045、405〜520

サッコ
1968年 / イタリア
ピエーロ・ガッティ、チェザーレ・
パオリーニ、フランコ・テオドーロ
（発泡スチレン+布）
800 × 800 × 680

リトルアルバート
2001年 / イタリア
ロン・アラッド
（樹脂ブロー成形）
760 × 650 × 740

ンが発表され、電気溶接ではイームズやハリー・ベルトイアらによる軽快なメッシュの背座シェルや脚部が開発された。アルミダイキャストは、アルネ・ヤコブセンのエッグチェア脚部やアルベルト・メダの執務椅子のフレームや脚部に採用され、現在では事務用椅子の傾動装置などさまざまな家具部品に多用されている。

(5) プラスチックその他の椅子

　1950年代にFRPや軟質および硬質発泡ウレタンが開発された。FRPはガラス繊維にポリエステル樹脂を含浸し成形して薄く強い3次曲面が得られ、イームズなどが新たなフォルムを創造した。発泡ウレタンは型成形による自由な造形が可能で、アルネ・ヤコブセンは硬質発泡ウレタンで体を包み込むエッグチェア（1958年）を、高浜和秀などは軟質発泡ウレタンによるさまざまな有機的フォルムを追求した。樹脂成形技術は年々進化し、現在ではインジェクション成形によるフレーム

（アーロンチェア）や樹脂ブロー成形のロビーチェア（リトルアルバート）、金属に匹敵する強度をもつエンジニアリング・プラスチックによるさまざまな家具部品など、多彩な広がりが見られる。このほか籐や段ボールを用いた独特のデザインもある。

(6) ソファ・ベッド

　ソファの芯材は木枠・鉄枠・発泡スチロールなどさまざまであり、スプリング材、クッション材もさまざまで、外から見えないだけに、耐久性については慎重に検討したい。サイズが大きいため、フォルムや張地の選択はインテリアの印象を決める重要事項である（図13）。

　ベッドのマットレスの芯材はコイルスプリングが主流で、通気性に優れ高温多湿の日本の夏には快適である（図14）。マットレスの品質は耐久性・快適性につながるため、素材や内部構造を確認して慎重に検討したい。ベッドの面積は広いので、下部を収納スペースにすると合理的である。スプ

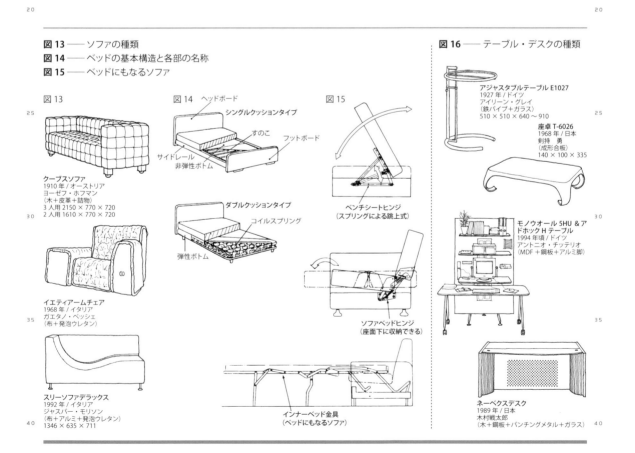

図 13 ―― ソファの種類
図 14 ―― ベッドの基本構造と各部の名称
図 15 ―― ベッドにもなるソファ
図 16 ―― テーブル・デスクの種類

図 13
クーブスソファ
1910年／オーストリア
ヨーゼフ・ホフマン
（木＋皮革＋詰物）
3人用 2150 × 770 × 720
2人用 1610 × 770 × 720

イエティアームチェア
1968年／イタリア
ガエタノ・ペッシェ
（布＋発泡ウレタン）

スリーソファデラックス
1992年／イタリア
ジャスパー・モリソン
（布＋アルミ＋発泡ウレタン）
1346 × 635 × 711

図 14　ヘッドボード
シングルクッションタイプ
すのこ
フットボード
サイドレール
非弾性ボトム
ダブルクッションタイプ
コイルスプリング
弾性ボトム

図 15
ベンチシートヒンジ
（スプリングによる跳上式）
ソファベッドヒンジ
（座面下に収納できる）
インナーベッド金具
（ベッドにもなるソファ）

アジャスタブルテーブル E1027
1927年／ドイツ
アイリーン・グレイ
（鉄パイプ＋ガラス）
510 × 510 × 640 ～ 910

座卓 T-6026
1968年／日本
剣持 勇
（成形合板）
140 × 100 × 335

モノウオール 5HU ＆ アドホック H テーブル
1994年頃／ドイツ
アントニオ・チッテリオ
（MDF＋鋼板＋アルミ脚）

ネーベクデスク
1989年／日本
木村戦太郎
（木＋鋼板＋パンチングメタル＋ガラス）

リングによる跳上式と、ソファベッドの下部を利用するものがある。ベッドとしても使用できるソファがあり、3人掛がダブルベッドになり、ゲスト用に便利である（図15）。

（7）テーブル・デスク

甲板^{こういた}（箱物の上板は天板）に脚だけが付いたものをテーブル、引出し箱（袖^{むく}）が付いたものをデスクという。甲板の素材として、石やガラスは硬く冷たい感触があり、木の無垢材は食器などを置いた時の音や感触が優れている。木製ではほかに、合板芯、フラッシュパネルなどさまざまな仕様があり、表面材も突板張・樹脂板張などがある（図16）。来客が多い家庭などでは、甲板が伸長するエクステンションテーブルやバタフライテーブル、椅子座と床座に高さが変更可能なテーブルなども検討の対象となろう（図17）。また、引越の多い家庭では、搬送性に優れた脱着式の脚が便利である。これらの可変式製品は、精度が品質を決めるので

現品で確認する必要がある。

（8）収納家具—単品家具とシステム収納

われわれは四季のある風土に暮らして多様な文化を受け入れた結果、持ち物の多い国民になったようだ。この多様で大量の持ち物を、四季折々に出し入れして快適に暮らすためには、収納に関する知識と技術が必要となる。持ち物が年々増えることや間取を考慮し、移動が簡単な単品収納家具と収納性と可変性に優れるシステム収納家具をどう組み合わせ配置するか、長期のライフプランをもって検討すべきである。

システム収納家具にはユニット式とパーツシステム式があり、前者は可変性はやや劣るが素人でも組立が可能である（図18）。一方後者は可変性や収納効率に優れ、仕切板がシングルであるなどディテールも美しいが、素人による組立は難しく、組替や引越のたびに業者に依頼することになる。組替の手間と費用に関する配慮も必要である。

図17 —— 可変式テーブルの構造

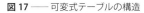

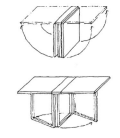

バタフライテーブル
小さくたため1,500mm程度に拡張できる。来客に備える予備テーブルに適している。

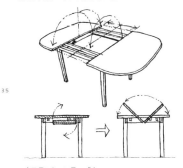

エクステンションテーブル
甲板を開き、たたまれた拡張甲板を回転してフレーム上に乗せ、広げた甲板で拡張甲板を挟む。簡単な操作で確実に固定される。

図18 —— パーツシステム式およびユニット式システム収納家具の構造

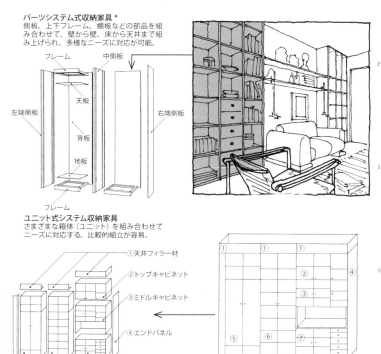

パーツシステム式収納家具 *
側板、上下フレーム、棚板などの部品を組み合わせて、壁から壁、床から天井まで組み上げられ、多様なニーズに対応が可能。

フレーム
中側板
左端側板
天板
右端側板
背板
地板
フレーム

ユニット式システム収納家具
さまざまな箱体（ユニット）を組み合わせてニーズに対応する。比較的組立が容易。

①天井フィラー材
②トップキャビネット
③ミドルキャビネット
④エンドパネル
⑤ワードローブ
⑥ロングボード
⑦ベースキャビネット

7.3　家具のコーディネート

　家具のセレクトに際しては、家族構成やライフサイクルに考慮し、幼い子供がいる場合は思いがけない使い方や行動に対する安全性、高齢者がいる場合は、立ち座りや伝い歩きのしやすさなどに配慮が必要である。さらに5年後、10年後の子供の成長や家族の高齢化を予測した用途変化への対応策も求められる。

　家具のコーディネートに際しては、家族のライフスタイルを把握した提案が求められ、たとえばリビングでの平日や週末の過ごし方、来客のもてなし方、志向するインテリアイメージに適した家具選び、家具配置が必要だ。

　図20は7.2節で示した椅子をイメージスケール上（図19）に配し、図21はリビングのイメージスケールでパターンを作成した。イメージスケール上に画像をプロットすると、言葉と画像で的確にイメージを伝えられ、コミュニケーションツールとして有効だ。

　住宅インテリアではエレガント、カジュアル、クラシック、モダンなどのイメージが多く見られ、これらをスケール上に的確にプロットできるように訓練しておくのもよいだろう。

　しかし、住宅インテリアに求められるものは、単に視覚的コーディネートだけではない。家族の歴史や想い、それにつながる品々などをどう配置し見せるかが問われるので、クライアントに信頼される人柄とコミュニケーション能力が求められる。そしてスタイルにこだわるのではなく、よい趣味による自由な選択が、快適で温もりを感じさせるインテリアをつくり出すものである。

図 19── 言葉のイメージスケール

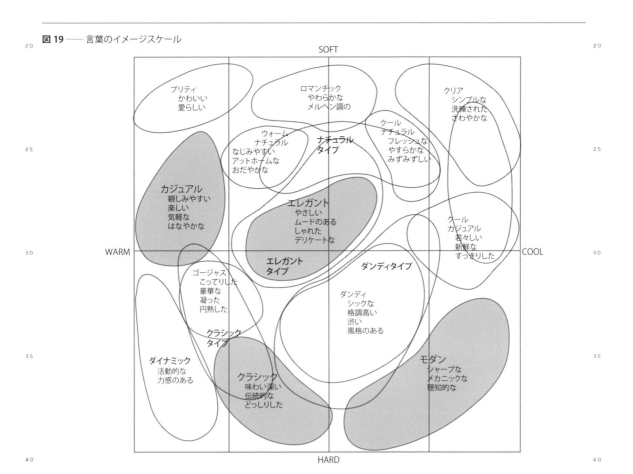

図20──椅子のイメージスケール（上）
図21──リビングの4つのインテリアスタイル（下）。室内の空間構成を変えずエレメントでインテリアを演出した例

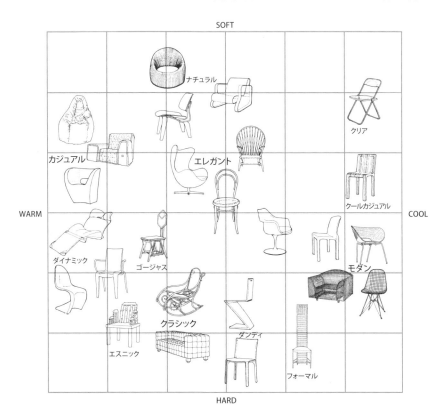

カジュアル

エレガント

クラシック

モダン

8 住まいの設備・機器

古代ローマは、道路や水路を網の日のように支配地に巡らせ、すべての道はローマに通じるといわれた。南フランス・ニームの水道橋は、遠方から水を運ぶため自然の地形を克服し、3層構造のアーチで水勾配を確保している。わが国の明治期に琵琶湖疎水を京都に引くのに同様な手法が使われた。住まいの設備や機器の背景には、水や交通・通信等のインフラストラクチャーがあるのは、昔も今も変わらない。

高さ48m、長さ269mの組積式構造

8.1　電気設備

(1) エネルギー消費と受電方式

　家庭での電力消費量は増えつづけている。エアコン、冷蔵庫、照明、テレビなどの電気使用量が大きい（図1）。エネルギー消費量としては地域にもよるが給湯や暖房が大きく、冷房はわずかである。

　住宅の電力の受電方式は、空中に架け渡す**架空引込**が一般的であるが、境界線に引込ポールを立て敷地内地中引込にすると建物のまわりがすっきりし、敷地外から検針できて好都合である。配線は、**単相2線式**では100V機器しか使えないが、**単相3線式**にすると100Vと200V機器が使える（図

2）。200V機器は、100V機器に比べてパワーがあり、消費電力は同じだがエアコンなどは立上がりが早い。

(2) スイッチとコンセント

　スイッチはドアの取手側の壁（室内または室外）に設け、コンセントは、家具やテレビ、電話などの配置を考慮し、キッチンなどの家電製品が集中するところは多めにする。エアコン、電気温水器、クッキングヒーター、食器洗い乾燥機は、専用回路（アース付）とする。水回りなどアースの必要な機器にはアース付コンセントとする。2カ所で点滅（点灯・

図1——家庭用電気機器別使用量（2018年、資源エネルギー庁）
図2——電気の供給方式（単相3線式）

分電盤には契約電流と分岐回路の上限で作動するアンペアブレーカーと配線用遮断器、宅内配線の漏電を検知する漏電遮断機等が組み込まれる。

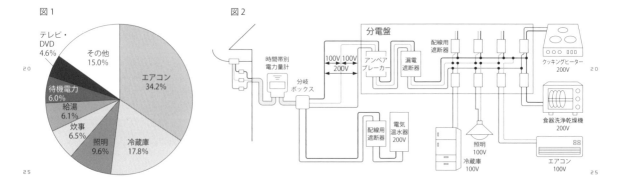

消灯）ができる**3路スイッチ**（図3）を階段や廊下の両端、または寝室の出入口と枕元などに使うと便利である。なお、**人感センサー付ライト**は人の動きを感知して点灯し節電や防犯に有効、**明暗センサー付ライト**は周囲の明るさを感知して点灯し、屋外灯向きである。

　暮らしを想定し、種類、数や位置、高さを決める（**表1、2、図4**）。スイッチは高さ1,100mm、コンセントは250mm程度がよい。

（3）電気事故

　感電は、電源－人体－建物－大地－電柱のアース－電源のように電流が人体を伝わってひと回りする回路ができると起きる（図5）。機器にアースを付けると、漏電が生じた場合に電流は直接機器から大地に流れるため、人体には通電せず安全である。プラグがコンセントに十分に差し込まれていない状態で、湿気や埃により発火する**トラッキング現象**（図6）が起きることがあるので、家具の裏などのコンセントは特に注意する。

表1── コンセントの種類と特徴　通常2口とする。
表2── スイッチの種類と特徴　設置位置を集中させ、2〜3連とする。
図3── 3路スイッチ　階段の上下でオンとオフを切替えできる。
図4── コンセントの形状と用途
図5── 感電の起こる仕組
図6── トラッキング現象

図3

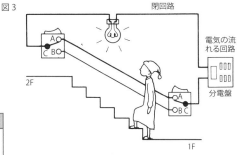

表1

名称	形状	特徴
アース端子付コンセント	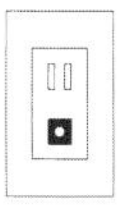	高ワットの機器や水回りなどで使用する場合に付ける。エアコン、電子レンジ、洗濯機、冷蔵庫など。
防雨型コンセント		防水用のカバーが付いたバルコニー・庭など屋外用のコンセント。地上30cm以上に取り付ける。
マルチメディアコンセント	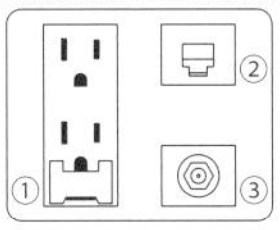 ①アース付 ②LAN用 ③TV用	コンセントとTV、LANケーブルの差込口を一体としたもの。
床埋込型コンセント（フロアコンセント）	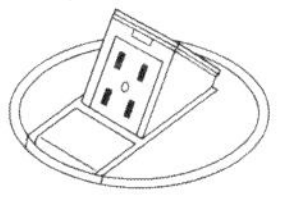	普段は床面に埋め込まれ、必要な時に立ち上げて使用する。オフィス等で採用されている。

図4

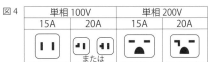

単相100V		単相200V	
15A	20A	15A	20A
	または		

図5

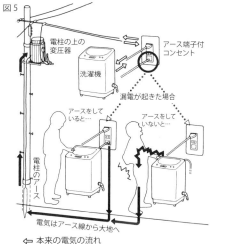

⇦ 本来の電気の流れ
← 漏電が起きた時のもれた電気の流れ

表2

	名称	形状	特徴
プッシュ式	ワイドスイッチ	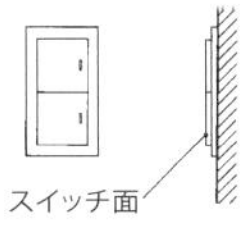 スイッチ面	一般のタンブラーに比べタッチ面積が数倍あり、軽いタッチで操作できる。
プッシュ式	パイロットランプ・位置表示灯内蔵スイッチ	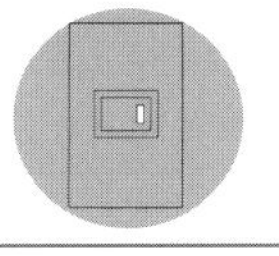	点灯時にパイロットランプ（赤）がついて消し忘れを知らせ、消灯時はLED（緑）がつき暗所で位置を示す。
ロータリー式	タイマー付スイッチ	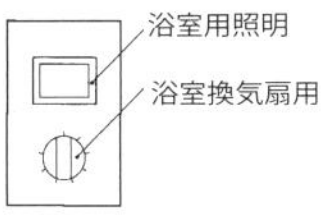 浴室用照明 浴室換気扇用	稼働時間を指定できる。浴室換気扇など一定時間後に切る時に使用。トイレ換気用の遅れスイッチもある。

図6

コンセントの差込口に溜まる埃は火災の原因になることがある。

8.2　暖冷房設備

（1）暖房設備

　暖房は、熱源に電気・ガスなどを使用して暖をとるもので、家全体をカバーする集中式と部屋ごとの個別式があるほか、熱を伝える仕組から**対流式**と**放射式**などさまざまな機器が使用されている（図7、8）。

　燃焼式の対流暖房のストーブや暖炉は、ガス・石油・薪や、近年は環境への配慮からバイオマス（木製ペレット）などを燃料に寒冷地・別荘などで使用されている。換気不足から不完全燃焼による一酸化炭素中毒の恐れがあり、安全・衛生面からは煙突式または強制給排気筒（FF）式のものが望ましい。

　非燃焼式（熱交換式）の対流暖房は、ボイラーでつくった温水をパイプで送り、ファンコンベクターで熱交換して温風を得るもので、ヒートポンプで得た温冷水を送る場合はファンコイルユニットで暖冷房できる。個別式と集中式がある。ファンコンベクター、ファンコイルユニット等の熱交換ユニットは、コールドドラフト対策として窓下の設置が効果的である（図9）。

　放射暖房は、ボイラーの温水を床または壁にパイプで回して、または電気で発熱する面状発熱体を床下に埋め込み、熱放射で人体を直接暖めるもので、天井付近が高温になり足下が冷えがちな対流暖房と比べて、室温の垂直分布が均一に近く快適性が高い（図10）。

　ガス焚き湯水を暖房と給湯に使用する東京ガスのTESシステムはマンション等に多く使用される。またヒートポンプを組み込み省エネ化するエコキュート、水素と酸素を反応させる燃料電池で発電するエネファーム等のシステムも推奨されている。

図7 —— 暖房方式
図8 —— 温水式暖房
図9 —— 放熱器の設置位置（窓下）
図10 —— 室内垂直温度分布

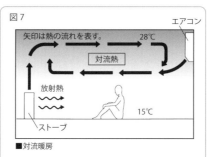
■対流暖房

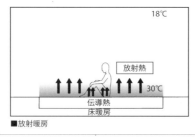
■放射暖房

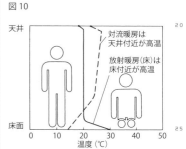

図9
窓ガラスは断熱性に欠けるため、窓で冷やされて床に向かう冷気（コールドドラフト）は足下を冷やす。対流暖房は暖めた空気をファンで室内に循環させるので、窓下の放熱器から上昇する暖気は冷気を暖めるが、窓から離れた位置の放熱器は窓際の冷気を解消するのが困難である。

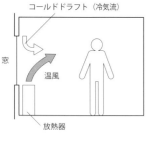

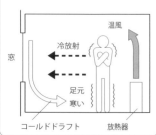

上図：対流暖房は、空気中に起こる温度の変化および重力差で生じる空気の流れによって行う暖房。代表的な暖房機にファンコンベクター、エアコンがある。
下図：放射暖房は、壁面あるいは床・天井を躯体から加熱してその表面から放出された放射熱（輻射熱）による暖房。代表的な暖房機に床暖房、パネルヒーターがある。

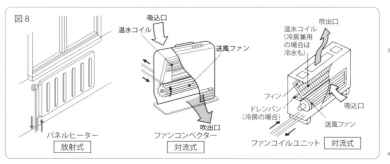

（2）冷房設備

　冷房は、電力利用のヒートポンプ方式を利用するもので、個別式のルームエアコンが多いが、冷水を回して各部屋にファンコイルユニットを使用する集中式にもできる。どちらも熱の伝わり方は対流式である。

　ヒートポンプの効率を示す成績係数（COP）は冷房時3程度を示し、ジュール熱を得る電力と比べて3倍とされる。近年は省エネルギー性、空気清浄、換気、快適性など（表3）の機能も重視されている。

$$暖冷房COP＝暖冷房能力(kW)÷消費電力(kW)$$

（3）ヒートポンプエアコン

　ヒートポンプエアコンは、冬、温度の低い屋外から高い室内へ熱（ヒート）を汲み上げ（ポンプ）、夏は室内から屋外に熱を汲み上げる構造である。

　室内機と屋外機は外壁スリーブを通る冷媒管（ペアコイル）でつながり、その中を冷媒が循環する（図11）。夏には、冷媒は膨張（開放）して液体から気体に蒸発する時に室内の熱を受け取り、それを圧縮機で高温にし、送風機で冷やすと、気体から液体に凝縮し、屋外に熱を捨てる仕組みである。夏と冬では冷媒の流れは逆になり、室内機は、夏は室内の熱を奪い、冬は室内に熱を捨てる（図12）。夏の室内機の蒸発時に発生する結露は配管を通って室外に排出される。ヒートポンプは冷蔵庫、洗濯機の乾燥機能、給湯などにも使われる。エアコンの通年エネルギー消費効率（APF）は、1年間の消費電力1kW当たりの冷房・暖房の能力を表すもので、値が大きいほど、効率的で省エネ性能が高い。

$$APF＝1年間で必要な冷暖房能力の総和(kWh)$$
$$÷期間消費電力量(kWh)$$

図11 ── ヒートポンプエアコン
図12 ── ヒートポンプエアコンの仕組
表3 ── 快適暖冷房の目安

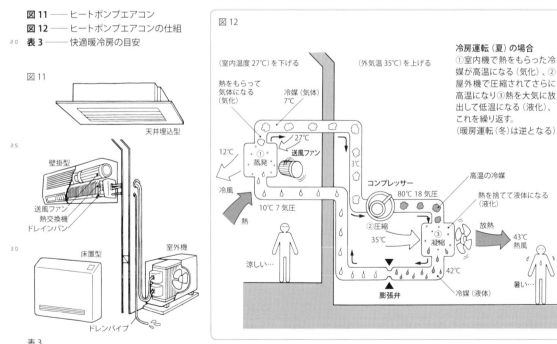

	快適冷房		快適暖房	
	条件	備考	条件	備考
温度	25～27℃	外気温との差を大きくしない（5℃以内）	20℃前後	温風暖房 22℃、放射暖房 20℃、床暖房 18℃
湿度	50～70%	70%を超えると蒸し暑い	40～60%	40%以上を保つこと
気流速度	0.2m/s程度	汗をかいている時は少し上げてもよい	0.2m/s以下	気流は知覚できないレベルが望ましい
放射熱	できるだけカットする	①日射を遮る　②断熱材を入れ、周壁温度を下げる	有効利用する	①放射暖房の採用　②断熱材を入れ、周壁温度を上げる　③日射を取り入れる

8.3　換気設備

（1）換気の目的

　高温多湿な日本の住まいでは、通風は欠かせない条件である。自然の通風に頼れなくなった現代の高気密住宅では、計画的な機械換気設備が義務付けられている。換気の目的は、新鮮な空気の供給、汚染空気の排出、結露やカビ防止、シックハウス症候群の原因となる有害物質の排出、感染症拡大防止などである。

（2）燃焼機器の給排気方式

　室内に対して密閉されている**密閉式**、室内に開放されている**開放式**、その中間の**半密閉式**の3つに分類される（図13）。開放式は室内空気を汚染し、石油やガスの場合は、排気とともに水蒸気を放出し結露を起こすこともあるので、使用しないことが望ましい。なお換気経路も充分に考慮する（図14）。

（3）キッチンの換気方式

　プロペラファンは一戸建に適しているが、静圧が低いので外風が強いと風量は減少するため、ダクトを使用する場合は十分な排気能力がある**シロッコファン**などを使うとよい（図15）。

（4）全熱交換型換気扇

　換気扇は、排気口を外壁に設置して排気するか、天井の排気口からダクトを通して排気する。排気口にはベントキャップまたはガラリにより風雨の侵入を防ぐ。**全熱交換型換気扇**（図16）は排気と給気の間で熱交換して外気の温度を予め室温に近づけるため省エネルギーとなる。

図 13 —— 燃焼機器の給排気方式
図 14 —— 換気経路
図 15 —— キッチンの換気方式
図 16 —— 全熱交換型換気扇

図13

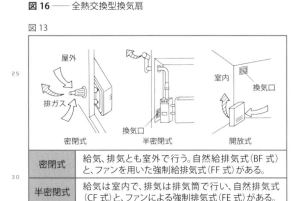

密閉式	給気、排気とも室外で行う。自然給排気式（BF 式）と、ファンを用いた強制給排気式（FF 式）がある。
半密閉式	給気は室内で、排気は排気筒で行い、自然排気式（CF 式）と、ファンによる強制排気式（FE 式）がある。
開放式	燃焼のための給気と排気を室内で行うために、室内の空気汚染が著しい。十分な換気が必要。

図15

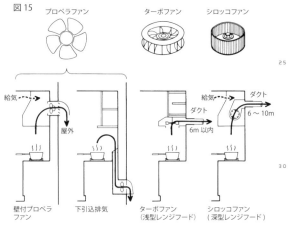

図14

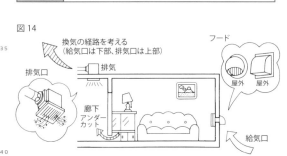

図16

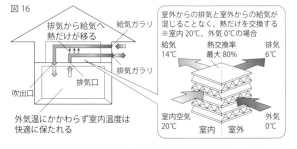

8.4　照明設備

(1)照明計画

　十分な明るさ（照度）、グレアがないこと（輝度）、使用目的に合った光の色であること（色温度、演色性）がポイントである。

(2)照明器具

　器具から下向きに出た光が直接対象物に当たる**直接照明**から、やわらかで落ち着いた雰囲気になる**間接照明**まであり、器具の材質や形により配光が異なる（図17、18）。また、室全体を明るくする**全般照明**と作業面など狭い部分を明るくする**局部照明**を使い分け、**光源**（光を発するものや装置）の特性を把握してその場所や雰囲気に合うものを選ぶ（図19）。

(3)光源の色温度と演色性

　光源の色味は色温度（ケルビンK）で表し、高いと青み、低いと赤みの光となる（図20）。また演色性を表す**平均演色評価数Ra**は、自然光や白熱電球は100とされる。住宅や商店などではRa80〜90がよい。

　近年省エネルギー性に優れたLED光源が普及し、白熱ランプや蛍光ランプは急速に姿を消したが、かつての照明器具を生かすために球、円環、直管などの形状に組み合わせたLEDランプも開発されている。

図 17 ── 配光による照明の種類
図 18 ── 配光曲線
図 19 ── 照明器具の種類
図 20 ── 光源の色温度

図 17

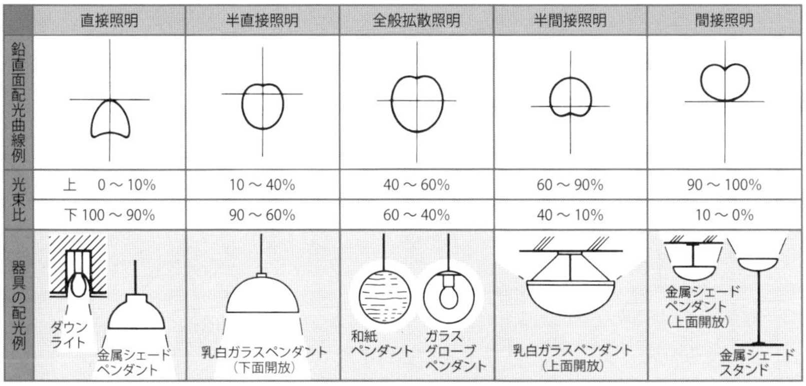

	直接照明	半直接照明	全般拡散照明	半間接照明	間接照明
鉛直面配光曲線例					
光束比 上	0〜10%	10〜40%	40〜60%	60〜90%	90〜100%
下	100〜90%	90〜60%	60〜40%	40〜10%	10〜0%
器具の配光例	ダウンライト／金属シェードペンダント	乳白ガラスペンダント（下面開放）	和紙ペンダント／ガラスグローブペンダント	乳白ガラスペンダント（上面開放）	金属シェードペンダント（上面開放）／金属シェードスタンド

図 18

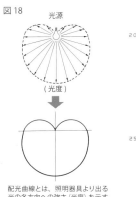

光源

（光度）

配光曲線とは、照明器具より出る光の各方向への強さ（光度）を示すものである。

図 19

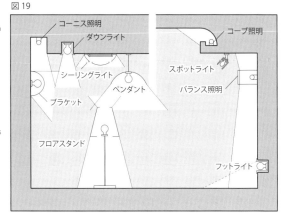

コーニス照明
ダウンライト
シーリングライト
ペンダント
ブラケット
フロアスタンド
コーブ照明
スポットライト
バランス照明
フットライト

図 20

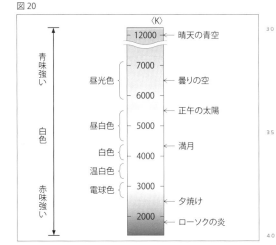

〈K〉

青味強い／白色／赤味強い

	12000	晴天の青空
昼光色	7000	曇りの空
	6000	正午の太陽
昼白色	5000	満月
白色	4000	
温白色		
電球色	3000	夕焼け
	2000	ローソクの炎

8.5　給水設備

(1)水質汚染防止

　家庭での給水量は、1人1日当たり平均214ℓ（2019年、東京都）必要である。主な給水方式を図21、水栓金具を図22に示す。安全な水を確保するために、飲水の消毒に、蛇口から出る際、遊離残留塩素の濃度0.1 mg/ℓ以上と水道法で決められている。しかしこのために、配管の腐食、カルキ臭、有害物質トリハロメタンの発生などの原因ともなっている。水質汚染を防ぐには、受水槽（図23）を定期的に清掃し、また蛇口にホースを付け水中に入れて水が逆流し汚染されることや、不純な水が上水道配管に混入するような配管（クロスコネクション）は避けなければならない（図24）。なお急に水栓弁を閉めることにより、衝撃音が起こる**ウォーターハンマー**が生じた場合は水撃防止器を設ける。器具の最低必要圧力を表4に示す。

(2)給水管の材質

　鋳鉄管（CIP）、銅管（CUP）、ステンレス鋼管（SUS）、塩化ビニル管（硬質VP）などの樹脂管、塩ビライニング鋼管（VLGP）などが使われている。以前は亜鉛めっき鋼管が使われていたが、さびて赤水が発生するため、現在は使われていない。ステンレス鋼管は衛生的で耐腐食性に優れているため、水道局管轄の配管はこれに換えられている。

図21──主な給水方式
図22──水栓金具の種類
図23──受水槽の仕組
図24──蛇口の構造と吐水口空間
表4──器具の最低必要圧力

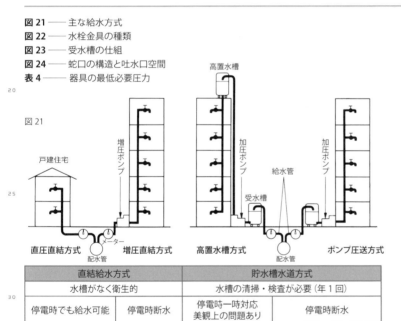

図21

直圧直結方式　　増圧直結方式　　高置水槽方式　　　ポンプ圧送方式

直結給水方式		貯水槽水道方式	
水槽がなく衛生的		水槽の清掃・検査が必要（年1回）	
停電時でも給水可能	停電時断水	停電時一時対応 美観上の問題あり	停電時断水

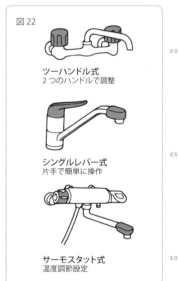

図22

ツーハンドル式
2つのハンドルで調整

シングルレバー式
片手で簡単に操作

サーモスタット式
温度調節設定

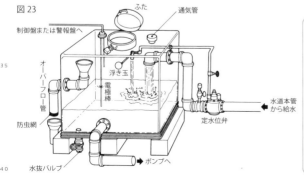

図23

図24

あふれぶちから蛇口の下端までの空間は、水の逆流を防ぐために空ける。

表4

器具	必要圧 (kPa)
大便器洗浄弁 （フラッシュバルブ） シャワー	70
一般水栓 大便器洗浄タンク 小便器水栓	30
ガス瞬間給湯器	50

8.6 排水設備

(1)排水の種類

一般家庭の排水は、**汚水**（大小便器から）、**雑排水**（厨房、浴室、洗濯などから）、**雨水**の3種類に分けられる。

(2)排水方式と排水設備

公共下水道が完備していない地域では、汚水と雑排水用の**合併処理浄化槽**を設置する。また、下水道が完備しているところは、汚水＋雑排水＋雨水を一緒に下水道に放流する**合流方式**と、雨水は別に雨水管を通って川に放流する**分流方式**がある（図25、26）。公共浄化処理施設の能力や大雨が降った場合を考慮して、分流方式が主流になってきている。

(3)トラップと円滑な排水

流し台や洗面台、トイレ、浴室、洗濯機の排水には必ず**トラップ**を付け（図27）、排水の一部をためて排水管から逆流する臭いや害虫の侵入を防ぐ。このたまり水を**封水**といい、深さは5～10cmとする。トラップの封水が破れる（なくなる）不具合（図28）を起こさないように、また排水の逆流・噴出を防ぐために、中高層住宅では排水管の要所に**通気管**を接続し屋上で開放して排水管内の気圧を保ち、排水を円滑に保つ必要がある（図26）。また、**二重トラップ**は流れを妨げるために避ける。一般に管径が太いものほど緩勾配とする（表5）。屋外では排水管の合流箇所や曲り箇所などには**ます**を設ける。

図25 —— 排水方式　　図28 —— トラップの封水切れの原因
図26 —— 排水設備　　表5 —— 排水横管の最小勾配
図27 —— トラップの種類

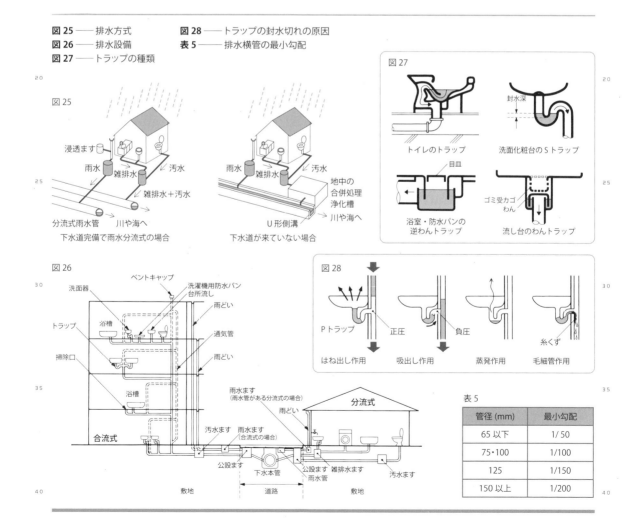

管径 (mm)	最小勾配
65 以下	1/50
75・100	1/100
125	1/150
150 以上	1/200

8.7　給湯設備機器

(1) ガス給湯器

給湯能力は号数によって表され、水温を25℃上昇させた湯を1分間に出せるリッター数で示す。瞬間湯沸器は(図29)、給水元栓(止水栓)の開閉で給湯する元止式と、蛇口の開閉で複数箇所の給湯が可能な先止式がある。家庭で普及している**全自動ガス給湯器**を図30に、特徴を表6に示す。

(2) 電気温水器

深夜電力を利用した貯湯式(図29、表6)のほか、ヒートポンプ式もあり、フロンではなく自然冷媒(CO_2など)を使う環境に配慮したもので、オール電化住宅に採用される傾向にある(図31)。

(3) 石油給湯器

石油価格は変動するが、燃費が比較的安かったので、寒冷地の戸建住宅などに使用される。ただし灯油タンクのスペースや灯油の補充が必要である(図29、表6)。

(4) 配管方式

従来の**先分岐方式**では、継手が多く漏水の原因になるうえ、管が古くなった時の更新がしにくく、また管が太いため湯が出るまでの捨て水の量が多い。だが、**さや管ヘッダー方式**は継手がなく管が細いので現場工事が簡略化され、捨て水も少なく更新が容易であるため集合住宅などで採用されることが多くなっている(図32)。

表6──熱源別給湯器の特徴
図29──熱源別給湯器
図30──全自動ガス給湯器
図31──自然冷媒(CO_2)ヒートポンプ給湯器の仕組
図32──給湯配管方式

表6

	設置スペース	排気の臭い	燃費	その他
ガス	○ コンパクトで場所をとらない	○ 臭わない	△ 都市ガスは電気並 × プロパンガスは高い	○ 設置費が安い ○ 必要な時に必要な量だけ沸かすことができる × 吐水量が少ないと湯が出ない
電気	△ 貯湯式のため70cm四方のスペースが必要	◎ まったくない	△ 都市ガス並	○ 安全 × 多量使用の際の湯切れ × 貯湯槽からの放熱ロス
石油	× 灯油タンクスペースが必要	× 臭う	△ 変動するが比較的安い	× 運転音がある × 給油が必要

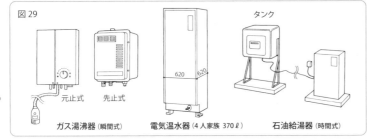

図29

元止式　先止式
ガス湯沸器 (瞬間式)　電気温水器 (4人家族 370ℓ)　石油給湯器 (時間式)

タンク

620　620

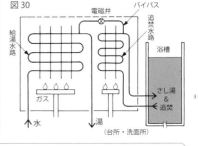

図30

電磁弁　バイパス
給湯水路　追焚水路
浴槽
ガス　さし湯 & 追焚
水　湯
(台所・洗面所)

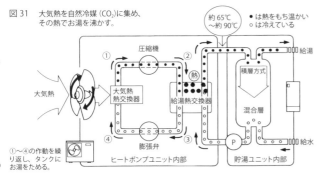

図31　大気熱を自然冷媒(CO_2)に集め、その熱でお湯を沸かす。

約65℃〜約90℃
● は熱をもち温かい
○ は冷えている

圧縮機
① ②
熱
大気熱
大気熱熱交換器　給湯熱交換器
④ ③
膨張弁
ヒートポンプユニット内部

給湯
積層方式
混合層
給水
P
貯湯ユニット内部

①〜④の作動を繰り返し、タンクにお湯をためる。

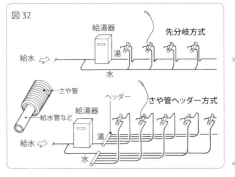

図32

給湯器
先分岐方式
給水
水

さや管
給水管など
給湯器
ヘッダー
さや管ヘッダー方式
給水
水

8.8 衛生設備機器

(1)浴槽

プロポーションの違いから**和式**、**和洋折衷式**、**洋式**の3タイプがあるが、和洋折衷式が主流である(**図33**)。素材は表7のとおりである。浴槽は大型化しているが、あまり深く長いと浮力で体が浮いて不安定になる。ユニットバスは防水性が高く現場工事が簡略化でき、浴室を2階以上にも設けられることから、多く採用されるようになった。据置式は、浴槽の取替が容易であるが、エプロン(前垂)部分が高くて高齢者や子供には入りにくい。埋込式にして座ることのできる高さにし、腰掛スペースを設けると障害者にとっても入りやすくなる。洗場から浴槽リム部までの高さは、400mm程度とする。

(2)洗面器

洗面器は、鏡や収納を加えて壁掛式、カウンター式、ユニット式(図34)で設置し、またカウンターとの納まりは図35の方法が採用される。

(3)大便器

大便器は、給水方式にタンク式、洗浄弁式(専用洗浄弁式)があり、設置形態から床置と壁掛に、排水方向から床排水、壁排水に、洗浄水量からI型とII型(節水)に分類されている。

大便器と手洗いに給排水管をあらかじめセットにして、手洗いを設置しやすいようにした器具も見られる。

表 7——浴槽の材質と特徴
図 33——浴槽のプロポーション
図 34——洗面器の設置方式
図 35——洗面器の種類
図 36——便器の種類

表7

材質	特徴
人造大理石	耐久性に優れ、肌触りがよい。アクリル系とポリエステル系がある。
ポリエステル(FRP)	安価で軽く施工性がよいが、表面に細かい傷がつきやすい。
ホーロー	色が豊富で重厚感があるが、重く、傷がつくとさびが発生する。
ステンレス	耐久性に優れ、肌触りがよい。もらいさびに気をつければ手入れは容易。
木	質感はよいが、維持管理が容易ではない。
タイル	現場施工のため、形や色は自由であるが保温性に劣り、水もれにも注意が必要。

図34

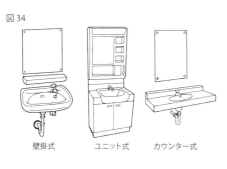

壁掛式　　ユニット式　　カウンター式

図33

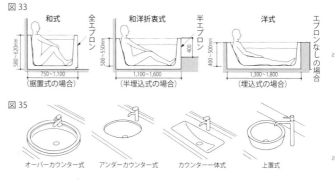

図35

図36

種類の名称			洗浄水量区分	JIS 記号
給水方式	設置形態	排水方向		
 タンク式（ロータンク式）	床置	床排水	I形	C1200R
			II形	C1200S
		壁排水	I形	C1201R
			II形	C1201S
 洗浄弁式（フラッシュバルブ式）	床置	床排水	I形	C710R
			II形	C710S
		壁排水	I形	C730R
			II形	C730S
	壁掛	壁排水	I形	C1810R
			II形	C1610S
 専用洗浄弁式（タンクレス式）	床置	床排水	II形	C810S (C810SM)
		壁排水	II形	C830S (C830SM)
	壁掛	壁排水	II形	C1630S

❾ 空間のデザインと表現

私たちを取り巻く空間には「かたち」と「意味」がある。ここでは、空間を考えるためのデザインツールと、空間を表現するためのプレゼンテーションツールの使い方を通して、「かたち」をスタディすること、「意味」を人に伝えることを考えたい。

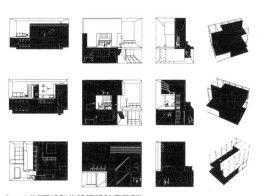

2コ1（城戸崎和佐建築設計事務所）

9.1　エスキス

　さあ、空間を設計してみよう、といわれてすぐに整然とした模型や図面をつくれる人は、たとえプロでもいない。3次元の空間の「かたち」をイメージするには、ちょっとした訓練が必要だし、その空間を取り巻く光や風、社会や歴史といった環境に配慮し、人々がその空間を使うための機能や動線を計画するのは、試行錯誤の連続になる。もやもやした最初のアイデアをああでもない、こうでもないと考える過程をエスキスといい、少しずつ形や条件を変えながらアイデアと空間を行ったり来たりする試行錯誤をスタディという。また空間を取り巻く環境や社会、歴史を与条件といい、その空間の使い方をプログラムという。

　エスキスに決まったやり方はない。紙や木で模型をつくったり、鉛筆で断面や平面のスケッチを描いたり、マーカーでパースやアクソノメトリックを描いたりと、道具も表現方法もさまざまな組合せが考えられる。

　与条件やプログラムについてスタディする時には、「コトバ」も重要になってくる。空間が目指している設計意図、つまりコンセプトは、「コトバ」と「かたち」がぴたりとマッチした時に見えてくるものである。

　エスキスやスタディは、こそこそと自分だけで

やるのではなく、できるだけオープンにして、たくさんの人に見せて意見を聞こう。設計をする人の中には、建築やインテリアだけでなく、ランドスケープや構造、エネルギー、音響など、さまざまな専門分野がある。それぞれの専門的見地からの意見を出し合って、そこで新たに考えたアイデアを取り入れて、模型やスケッチをどんどん変えていくのは、とても楽しい。

　手や目を使って「かたち」をつくり、つくったものを見て「意味」を考えることを繰り返すうちに、「これだ」という空間が見えてくる。その時の模型やスケッチは、コンセプトを端的に表していることが多い。

図1── エスキス（Y-GSA、2007年）　スタジオ内では、学生が課題の模型をつくるかたわらでエスキスが行われている。

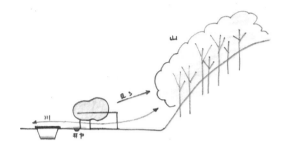

図2── ピーナツハウス（城戸崎和佐建築設計事務所、1993年～、大阪府）　山と川に挟まれた盆地のような敷地の特性に対して、雲のようにぽかりと浮いた住宅のイメージを表した断面スケッチ

図3── 船橋アパートメント（西沢立衛建築設計事務所、2004年、千葉県）　郊外の賃貸集合住宅で、ワンルームサイズの各住戸の部屋を3ルームにして、「モノ」がグループ分けされた状態を提案した平面のコンセプトスケッチ

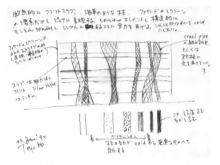

図4── せんだいメディアテーク（伊東豊雄建築設計事務所、2001年、宮城県）　前例のないプログラムをもつコンペティションのためにチューブ（柱）とプレート（床）だけでつくられる、まったく新しい空間をイメージしたファーストスケッチ

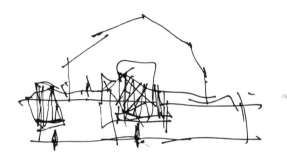

図5── ゲーリー自邸（フランク・O・ゲーリー、1978年、カリフォルニア州）　既存の木造住宅の外側にガルバリウム波板やスチールメッシュを付加して、古い建物との間に新たなスペースをつくり出した立面のスケッチ

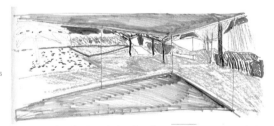

図6── ダラヴァ邸の庭（イヴ・ブリュニエ、1991年、パリ）　OMA設計の住宅に、ランドスケープデザイナーが提案したリビングルームから見える庭のパースペクティブスケッチ

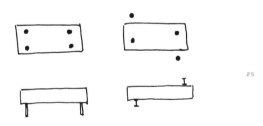

図7── ボルドーの住宅（セシル・バルモンド、1998年、ボルドー）　OMA設計の住宅の初期アイデアに対して、構造家の提案した平面と断面のスケッチ。安定したバランス（図の左側）より不安定なつり合い（図の右側）が美しいと構造家は考えている。

図8── 香水瓶（倉俣史朗、1990年）　四角い瓶の中に二重に香水を入れるスペースをつくった、さまざまなアイデアのスタディスケッチ

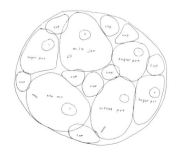

図9── ALESSI "Tea & Coffee Towers"（SANAA、2003年）　フルーツの形をしたティーポット、コーヒーポット、カップ、ミルク入れ、砂糖壺などがバスケットに入っているティー＆コーヒーセットのイメージスケッチ

9.2　3次元で考える　模型

　私たちが住んでいるのは3次元の空間である。

　3次元を3次元のまま取り出して、縦・横・高さを同じ比率で縮小する模型は、空間を考えたり表現したりするのに最も誤解の少ないツールである。

　アイデアを考え、それをデベロップさせていく過程でつくる模型をスタディ模型と呼ぶ。検討する内容に応じて縮尺を変え、案を決定するまでの間に大量につくるものである。スタディ模型には、人や家具を同じ縮尺でつくって入れる。そうすることで、実際の空間の大きさが想像しやすくなり、スケール感が養われる。スタディの初期段階では、小さなサイズの模型（1/500〜1/100）（図10、12、13）で全体の形を考えたり、配置を考えたりし、徐々にスケールアップした模型（1/50〜1/10）（図14〜17）をつくって、光や風の入り方、材料や色を検討していくことが多い。家具などは、モックアップといって、1/1サイズの模型をつくることもある。模型はプレゼンテーションツールとしても適している。色や素材にこだわって、リアルなイメージを追求する模型（図18、19）のつくり方がある一方で、さまざまな検討をしたうえで再度抽象化したイメージだけを取り出した、コンセプチュアルな模型（図11）のつくり方もある。

図 10──エスキス模型（佐藤光彦建築設計事務所）　スタディが繰り返された夥しい数の住宅模型

図 11──スペースブロック上新庄（小嶋一浩＋赤松佳珠子／C+A、1998年、大阪府）　1部屋ずつ形の異なるブロックを積み上げた集合住宅のコンセプト模型

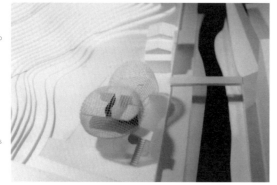

図 12──ピーナツハウス（城戸崎和佐建築設計事務所、1993年〜、大阪府）　ピーナツ形状の住宅の初期スタディ模型。縮尺1/100で、敷地に平行する川や、庭から山につながる起伏なども表現されている。

図 13──プラダ・東京（ヘルツォーク・アンド・ド・ムロン、2003年、東京都）　青山に建つブティックの初期スタディ模型。完成した建物は菱形フレームの中が凸面、凹面、平面のガラスパネルで仕上げられているが、すでにこの段階で平滑ではないガラスのイメージが表れている。

図14 ── ピーナツハウス（城戸崎和佐建築設計事務所、1993年〜、大阪府）　ピーナツ形状の住宅の内部模型。表面にあけられた開口からさまざまな角度で光が入り込む様子を覗き込めるよう、縮尺 1/20 でつくられている。

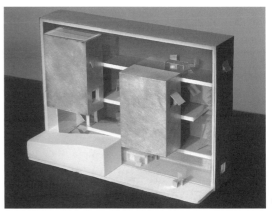

図15 ── ボルネオ・ハウス 第12区画（MVRDV 、2000 年、オランダ）　アムステルダムの運河に面した、5m×16m の細長い敷地に建つ住宅の模型。敷地を半割りにした、幅 2.5m のメインスペースのガラスファサードから 2 つのボックス状のヴォリュームが吊り下げられている。

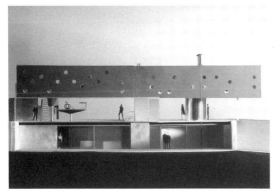

図16 ── ボルドーの住宅（OMA 、1998 年、ボルドー）　3 層構成の住宅の模型。空中に浮かんだ両親と子供の寝室、地中に半分埋まったキッチン、中間の半屋外のリビング、そして 3 層を自由に行き来する 3m×3.5m の書斎のようなエレベーターの関係がわかる断面模型

図17 ── ポリフォニーハウス（ウシダ・フィンドレイ・パートナーシップ、1997 年、大阪府）　曲面の壁が特徴的な住宅の模型。円弧をつないだ壁面をスタイロフォームでつくり、ジェッソを塗ってざらっとした質感を表現した住宅模型

図18 ── LOUIS VUITTON NAGOYA（青木淳建築計画事務所、1999 年、愛知県）　躯体に描かれたパターンと、躯体から 1.2m 離したファサードのガラスに描かれたパターンによるモアレ現象をスタディしたショップの立面模型

図19 ── イッセイ・ミヤケ・メン（倉俣史朗、1987 年、東京都）百貨店の内部に計画された、スチールメッシュのインテリアをリアルに表現したブティックの模型

9.3 2次元で考える 断面

　立体を任意の場所で垂直に切ったものを横から見たものが断面である。断面には上下の空間のつながりや隔たり、天井や屋根の形状、床の勾配や階段・スロープなどが現れてくる。このように断面には空間のダイナミズムが集約され、2次元の情報でありながら、立体の空間に直結する面白さがある。

　断面で検討できることはいろいろある。まず、光の入り方や反射を検討してみよう。太陽光線の角度を図面に記入すれば、どこから光が入ってくるか、入った光が壁や床で反射するとどうなるかが図面の中で見えてくる。また上下の空間の視線や音が、どこでつながってどこで切れるかも図示できる。高さの情報は、断面を考えるうえで切っても切れない関係にある。断面図に人間を描き入れて、6章・7章を参照しながら天井高、階高、床の段差、家具の高さ、階段の蹴上(けあげ)・踏面(ふみづら)を検討しよう。

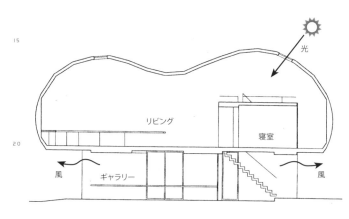

図20 —— ピーナツハウス　縮尺1:200（城戸崎和佐建築設計事務所、1993年〜、大阪府）　木造のピーナツがRCの壁の上に浮く構造。2階のピーナツは天井が高く、囲まれた寝室の上のゲストルームは吹抜になっている。

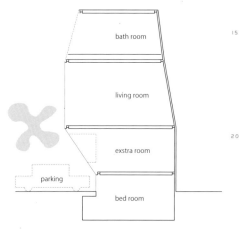

図21 —— 小さな家　縮尺1:200（妹島和世建築設計事務所、2000年、東京都）　ワンフロアに一つずつの機能が入った住宅。それぞれに必要なスペースをフロアの重心をずらして積層させ、そのずれをつないで建物の外形がつくられている。

図22 —— 奥のない家（コンペ案）　縮尺1:500（アトリエ・ワン、1994年）　入れ子構造の2重の箱とそれらを結ぶチューブからできている住宅。これらの断面（とここにはないが平面）はある位置でスライスされた情報として同じように扱われている。

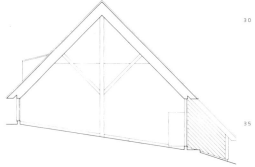

図23 —— 谷川さんの住宅　縮尺1:200（篠原一男、1974年、群馬県）　詩人の谷川俊太郎の軽井沢の別荘。床は敷地の傾斜そのもので、土のままになっている。

9.4　*2次元で考える*　平面

　立体を床から約1mの高さで水平に切ったものを上から見たものが平面図である。つまり平面図も切断面から見る、ということでは断面図の一種と考えた方がよい。

　平面に現れてくるのは、XY方向の長さ、つまり幅や奥行といった寸法や、「モノ」と「モノ」・「モノ」と「ヒト」との距離、また面積、つまり広さ・狭さといった要素であり、これらの関係が人の動き方（動線）をさまざまにコントロールしていく。住宅の平面図には生活シーンが鮮やかに見えてくるし、店舗やレストランの平面図には、来客ゾーンのしつらいと的確なサービスの動線が見えてくる。

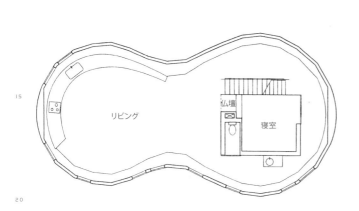

図24── ピーナツハウス　縮尺1：200（城戸崎和佐建築設計事務所、1993年〜、大阪府）　ピーナツ形の2階平面。床のラインよりも1,000mm上がった切断面は外側に広がっている。

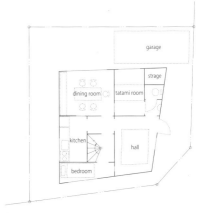

図25── 梅林の家　縮尺1：200（妹島和世建築設計事務所、2003年、東京都）　小さな部屋が鉄板の薄い壁にあけられた開口によって連続し、ワンルームのように感じられる住宅。構造の特徴が、あたかもシングルラインに見えるかのような壁厚に現れている。

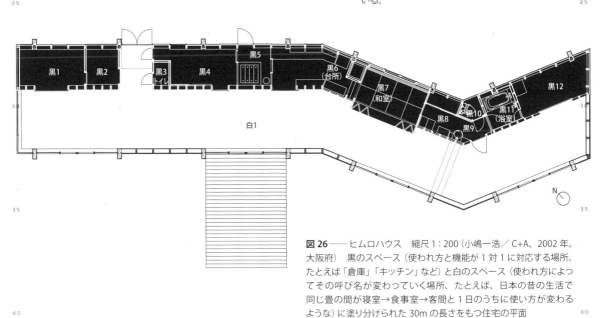

図26──ヒムロハウス　縮尺1：200（小嶋一浩／C+A、2002年、大阪府）　黒のスペース（使われ方と機能が1対1に対応する場所、たとえば「倉庫」「キッチン」など）と白のスペース（使われ方によってその呼び名が変わっていく場所、たとえば、日本の昔の生活で同じ畳の間が寝室→食事室→客間と1日のうちに使い方が変わるような）に塗り分けられた30mの長さをもつ住宅の平面

9.5　空間の光を考える

　スタディ模型に穴をあけてみる。外から中が覗けるようになると同時に、外の光が中に入ってくる。この光は模型の側面（壁）からだけでなく、上部（天井）からも底面（床）からもとることができる。穴の形状も四角形や丸形のほかに細長いスリット状や小さい点がドット状になったものなど、さまざまな形が考えられる。

　このような穴を開口部と呼ぶ。開口部を窓と考えると、外から入る光は自然光になり、開口部に透明ガラスがはめ込まれると、中からはさらに外の景色が切り取られて見える。光だけを取り入れたい時には、フロストガラスや障子、スクリーンなどを用い景色を見えないようにする。また北側に開口部を設け、直射光を避けて安定した光を入れ

図 27 ── ロンシャンの教会堂（ル・コルビュジエ、1955 年、フランス）　厚い壁に穿たれた開口はメガホンのように内部が広がり、小さく絞った光量をやわらかく室内に届ける。

図 28 ── ウィークエンドハウス（西沢立衛建築設計事務所、1998 年、長野県）　矩形の箱に切り込まれた中庭からふんだんに光が入り、ツヤのある塗装を施した天井面に反射する。

図 29 ── House SH（中村拓志／ NAP 建築設計事務所、2005 年、東京都）　密集した狭小地に立つ小さな住宅。外部にふわっとふくらんだ壁のポケットのような場所にトップライトからの光がふくらみに沿って落ち、さらに床のガラス面から地下まで光を通している。

図 30 ── 中野本町の家（伊東豊雄建築設計事務所、1976 年、東京都）　馬蹄形プランの住宅。スリット状のトップライトからの光は時間とともに刻々と位置を変えていく。

たり、開口部にルーバーを付けて光量を調節したり、水面や床面で反射させた光を取り込んだり、と自然光をコントロールする方法はさまざまである。

　光にはもう一つ、照明による人工光がある。照明器具の照射範囲や角度を計算することで、ピンポイントに光を集めたり、全面をフラットに明るくしたりと多様な演出が可能になる。特に光源が見えない間接照明は、空間のベースライトとして魅力的な雰囲気をつくり出す。光源が見える直接照明は、照度の確保が容易なことや器具をデザインする面白さがあるが、まぶしさや器具の熱に直接人が触れないよう設置場所に注意したい。

　人工光には色温度の違いによって、暖色系の黄色っぽい光から寒色系の白っぽい光までがあり、また光量やランプの寿命にもそれぞれ違いがある。環境やエネルギーに配慮した器具の選択を心がけたいものである。

図31 —— afloat-f 美容室（永山祐子建築設計＋青木淳、2002年、東京都）　店舗のインテリアのために設計された、オリジナルの照明の例。半球面の中心に照明を配し、反射光を均質に下面に向けている。

図32 —— 天天（城戸崎和佐建築設計事務所、2002年、東京都）住宅の一室で行われた、布とダンスと映像のパフォーマンス。天幕に写された映像もテンポラリーな照明となる。

図33 —— 水の教会（安藤忠雄建築研究所、1988年、北海道）教会の外構。ライトアップされた森と十字架。昼とは異なる風景の演出

図34 —— チュウクウ（城戸崎和佐建築設計事務所、2001年、東京都）　細い蛍光管を梁の中間に入れ、梁と天井を反射面に使った、建築と一体となった照明計画

9.6 プレゼンテーション

　プレゼンテーションは、あなたがイメージした空間をほかの人々に伝えるために行うものである。あなたが学生であれば、それは講評会で発表する図面パネルと模型であったり、コンペティションに応募するためにまとめた 1 枚のボードであったりし、プロフェッショナルなデザイナーになれば、それは展覧会に出品するドローイングや模型で

あったり、クライアントに提案するマテリアルボードであったりする。

　どのプレゼンテーションにも共通するのは、まだ実際にはでき上がっていない空間を、ほかの人々の頭の中でリアルな映像として想起させ、あなたが考えた空間に対する共感や興味を引き出させることである。つまり、あなたがつくった「かたち」

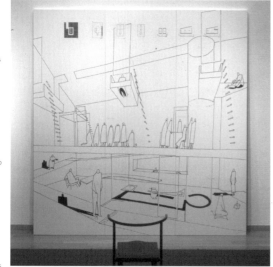

図 35 —— 小平のハウス（西沢大良建築設計事務所、1995 年、東京都）　巨大なパースの前に椅子を置き、座った視点をパースの視点に合わせて内部空間を感じ取らせようとする展示

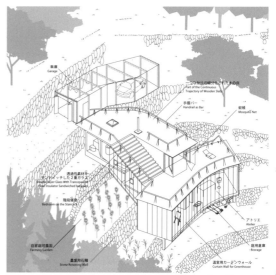

図 36 —— イズ・ハウス（アトリエ・ワン、2004 年、静岡県）海沿いの急斜面に立つ住宅。アイソメトリックに引出し線で素材、領域、使い方の説明がされている。オーソドックスな手法だが CG とは違う清々しさがある。

図 37 ——「住宅のル・コルビュジエ」　全プロジェクトと家具（2001 年展覧会、東京都）　ル・コルビュジエのモデュロールを原寸で体験する展示

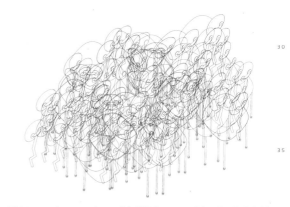

図 38 —— カフェ・チェア（大橋晃朗、1990 年）「八代市立博物館」（設計：伊東豊雄、1990 年、熊本県）のためにつくったもの。アクソノメトリックを重ねることで、宇宙人の子供のような椅子が動き、ささやくカフェの風景が目に浮かぶ。

を最適な方法で見せながら、そこに込められた「意味」を説明することが、プレゼンテーションである。

　その最適な方法はプレゼンテーションの目的や相手や場所によって異なる。素材や色が実物に近くなるようなリアルな模型が適していることもあれば、コンセプトがじかに伝わるようなシンプルな模型が適していることもある。またパースやCGで空間を表現したり、それらをプロジェクターを使ってアニメーションや映像で見せたりす

ることもある。線や面を強調した断面図や平面図をレイアウトに留意しながら1枚のパネルに仕立てたり、1頁ごとにレイアウトして本やファイルにしたりすることもある。

　プレゼンテーションは、空間のアイデアを通して、あなたがほかの人々とコミュニケートする手段と考え、さまざまな可能性にチャレンジしてほしい。

図39 ── SELL HOUSE 展（1998 年展覧会、東京都、会場構成：城戸崎和佐建築設計事務所）　壁紙のように一面に図面を張り込み、空間と一体化した展示

図40 ── ワークショップ講評会（日本大学理工学部建築学科、2006 年）　夏休みの短期集中ワークショップで、学生 2〜3 人のグループごとに椅子を製作し、最終日に教員の前で行つたプレゼンテーション

図41 ── マテリアルボードの例　床、壁、家具などの材料サンプルを張り込んで、実際の空間イメージを伝えるマテリアルボード

図42 ── プレゼンテーションボードの例（釜萢誠司、2005 年）　配置図・平面図・断面図・模型写真・内観パースなどを 1 枚の用紙に美しくレイアウトしたプレゼンテーションボード

10 住まいと社会

関東大震災（1923）は被災者約190万人、建物全壊10.9万戸、全焼21.2万戸の大災害であった。復興義援金を元に同潤会が設立され、仮設住宅を手始めに、多数の質の高い鉄筋コンクリート造集合住宅を建設した。住まいは家族の暮らしの器であり個人の資産ともなるが、電気・ガス・水道設備を完備し、地域の不燃化に寄与する青山アパートメント等は、先進的な都市住宅の公的供給の先鞭をつけ、第2次大戦後の日本住宅公団の手本ともなった。

同潤会青山アパートメント（2003年解体）

10.1　住宅建築の流れ

（1）住宅建築の流れ

住宅建築は、企画、設計、施工（せこう）、維持管理の流れで行われる。関与する職種や具体的な進め方は、設計・施工の依頼先により異なるが、ここでは段階別に一般的な流れを示す（図1）。

1）企画

建て主の意向や敷地の環境、将来の見通し、予算など、**与条件**を十分に把握したうえで方針をまとめる。その際は、構法や設備など住宅建築に係わる最新情報を常に収集しておくことが必要である。建主と納得のいくまで意見交換をして、最善案に絞り込んでいく。

2）設計

基本設計と**実施設計**がある。基本設計では、空間の広さや配置を決定して平面図を作成し、立面や断面も検討する。法規や予算面もあわせて考える。通常、1/100程度の図面を作成する。

実施設計では、設備や仕上など細部まで決定し、施工に必要な図面・仕様書を作成する。立地や構造等により、必要であれば建築**確認申請**を行う。確認申請とは、建物を新築あるいは増改築する際に、建築基準法や条例などに適合しているか確認するもので、設計図面やその他必要な書類を役所の担当窓口や指定確認検査機関に提出する。審査を通ると確認済証が交付され、工事に入ることができる。実施設計図面をもとに施工業者に見積を依頼し、条件が合えば契約する。

3）施工

建築工事は、主に木工事を担当する大工や、屋根工事、内外装工事、電気工事、水道工事などの、多様な業者・職種が順次係わる（建設業法では29業種としている）。設計図どおりに施工が行われているか、建築士がチェックすることを**工事監理**という。また、工事の品質や工期、安全面への配慮、予算等を確認し、施工が適正に行われているか施工業者の立場でチェックすることを**施工管理**という。

建築確認の一環として、工事途中の中間検査、竣工時の完了検査がある。完了検査に合格すると、検査済証が交付される。建主と施工業者間では**竣工検査**後に**引渡**が行われる。

4）維持管理

引渡後は、主に所有者または居住者が日々の清掃や修理・部品交換などの**維持管理**を行う。昇降機や受水槽など定期的な点検が義務付けられているものもある。集合住宅の多くは維持管理を管理会社に委託している。長期にわたり、計画的に住宅全般の点検を行い、必要に応じて屋根や外壁、配管、内外装や設備などの補修を専門業者に委託する。

(2)住宅建築に関連する職種・資格

住宅建築に関与する職種は、営業、設計、構造、設備、インテリア、エクステリア、施工、維持管理など各分野に存在する。これら専門職種が協力して、一つの住宅を完成させる。住宅建設会社の場合は社内に営業、設計、施工など多様な職種があり、主に営業担当者が窓口となる。設計事務所は建築士が中心であり、他の施工会社や専門職種と連携して業務を行う。

住宅やインテリアに関連する資格や検定は多岐にわたり、複数の資格取得を目指す人も多い。国家資格、公的資格、民間資格がある(**表1**)。住宅・インテリアは多くの材料・部品などからできているため、関連する業界や職場も、ものづくりや販売など多種多様である(**表2**)。

(3)インテリアの専門職種の役割

インテリアのデザインやコーディネートは、建築設計などと並行して行われることも多い。インテリアコーディネーターの主な仕事は、コンサルティング業務であり、顧客の相談に応じ、専門的な見地から適切な助言、提案を行う。このためには日頃から、インテリアに関する多様な商品情報を収集・整理しておくことが必要である。提案をする際は、図面やパース、写真などをまとめてプレゼンテーションボードにしたり、映像や模型を用いたりして、仕上がりのイメージがわかりやすいように工夫する。顧客の隠れたニーズを引き出し、よりよい空間づくりにつなげることも大切である。

図1──住宅を建築する流れ
表1──住宅・インテリアに関連する主な資格
表2──住宅・インテリアに関連する業界・職場

表1

分類		
設計、インテリア全般に関する資格		◎建築士(一級、二級、木造)※ ◎インテリアコーディネーター ◎インテリアプランナー △インテリア設計士(1、2級)
施工の資格		◎建築施工管理技士(1級・2級)※
建物や設備、技術などの特定の分野に関する資格、検定	マンション	◎管理業務主任者※ ◎マンション管理士 ◎マンションリフォームマネジャー △マンション維持修繕技術者
	設備	◎建築設備士 ◎キッチンスペシャリスト △照明士、照明コンサルタント
	CAD	△CADトレース技能審査(上・中・初級) △建築CAD検定試験(準1、2、3、4級) △CAD利用技術者試験(2・3次元、1、2級、基礎)
	色彩	△カラーコーディネーター(1〜3級) △色彩検定(1〜3級)
	その他	◎技能士(家具製作、建具製作、建築大工、内装仕上げ施工他) ○商業施設士 △福祉住環境コーディネーター(1〜3級) △窓装飾プランナー △シックハウス診断士(1、2級) △DIYアドバイザー　△販売士(1〜3級)
不動産に関する資格		◎宅地建物取引士※　◎不動産鑑定士※ ◎土地家屋調査士※

◎国家資格：法律にもとづき、国や国から委託を受けた機関が試験を実施し、国が認定する資格。一定の業務・行為を行ううえで必ず取得が必要な資格を免許という(※印で表示)。
○公的資格：公益法人や民間団体が実施し、官庁や大臣が認定する資格。
△民間資格：民間団体や企業などが、独自の審査基準を設けて認定する資格。官庁が後援している資格もある。

図1

```
依頼先選び　設計事務所、住宅会社など、特徴を踏まえて依頼先を決定
　↓
企画　暮らし方のイメージを固める。予算や工期もあわせて考える。
　↓
設計　建て主の希望と諸条件を踏まえて設計図を作成する。確認申請後に見積も作成する。
　↓
施工　設計図をもとに施工する。各工事段階について工事監理、施工管理を行う。
　↓
維持管理　引渡後、日常的な維持管理や定期的な点検を実施する。
```

表2

業界	種類
住宅	住宅メーカー(鉄骨系プレハブ、木質系プレハブ、在来木造、ツーバイフォーなど)、住宅リフォーム会社
設計、建設、設備	設計事務所(建築、構造、設備)、建設会社、工務店、設備会社、インテリア、エクステリア、店舗デザイン、ディスプレイ
不動産	不動産会社、マンション販売
商社(総合、専門、卸売)	住宅、住宅リフォーム、インテリア、エクステリア、建材、設備
小売	百貨店、ホームセンター、スーパーマーケット、生活協同組合、専門店(家具、照明、ファブリックスなど)
行政・関連団体	官公庁、住宅供給公社、UR都市機構、住宅金融支援機構、指定確認検査機関、各種工業会
その他	メディア関係、国民生活センター、消費生活センター

10.2　住宅統計と住宅市場

(1)人口・世帯数と住宅戸数

日本の人口は、2008年以降、減少が続いており、2020年では約1億2622万人である。一都三県に総人口の約3割が集中しており、偏りも大きい。一方、世帯数は、単身や夫婦のみ世帯の増加に伴い微増しており、約5400万世帯（2018年）である。ただし、総住宅数は約6240万戸（2018年）であり、世帯数を約12%上回る現状となっている（図2）。

(2)住宅の建て方、所有形態、構造、延床面積

住宅の特徴は地域差が大きく、東京と地方では傾向がまったく異なる（表3）。全国では、一戸建、持ち家、木造がやや多く、特に秋田県はその傾向が顕著である。いっぽう東京都は、共同住宅、借家、非木造が多い。一住戸当たりの延床面積の平均はこの30年間、大きな変化はなく、平成30年以降は約93.0㎡である。やはり地域差が大きく、東京

都平均が65.9㎡であるのに対し、富山県は約2倍の145.2㎡である。

(3)新設住宅着工戸数と住宅の価格

新設住宅着工戸数は、景気や自然災害などさまざまな影響を受けて増減するが、2021年度は5年ぶりに増加し、約85万戸であった。内訳は、貸家37.5%、持ち家33.3%、分譲住宅（一戸建）16.5%、分譲住宅（マンション）11.8%である（図3）。経年的な傾向としては、分譲マンションがやや減少し、一戸建が増加している。工法としては、プレハブやツーバイフォーは2016年以降やや減少している。

住宅の価格は年々上昇しており、2020年の平均価格は注文住宅で5359万円、分譲マンションで4639万円である。既存住宅の場合は戸建・マンションともに新築の5〜6割程度である（図4）。

図2 —— 総住宅数と世帯数（総務省　住宅・土地統計調査）
表3 —— 住宅の建て方・所有形態・構造（%）
（平成30年　住宅・土地統計調査）
図3 —— 新設住宅戸数（国土交通省　住宅着工統計）
図4 —— 住宅の価格（国土交通省　住宅市場動向調査）

表3

建て方	一戸建	長屋建	共同住宅	その他
全国	53.6	2.6	43.6	0.3
秋田県	79.8	2.4	17.7	0.2
東京都	26.8	1.8	71.0	0.4
所有の関係	持ち家	公営・公社等借家	民営借家	給与住宅	不詳
全国	61.2	5.0	28.5	2.1	3.2
秋田県	77.3	3.2	16.6	1.8	0.9
東京都	45.0	6.7	40.0	2.4	5.9
構造	木造	非木造
全国	56.9	43.1
秋田県	88.5	11.5
東京都	35.0	65.0

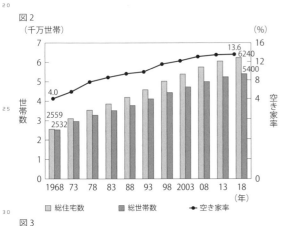

図2
（千万世帯）　（%）

■ 総住宅数　■ 総世帯数　●空き家率

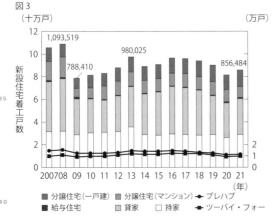

図3
（十万戸）　（万戸）

■ 分譲住宅（一戸建）　■ 分譲住宅（マンション）　● プレハブ
■ 給与住宅　■ 貸家　□ 持家　●ツーバイ・フォー

図4
（百万円）

● 既存戸建住宅　■ 注文住宅　▲ 分譲戸建住宅
✳ 分譲マンション　✳ 既存マンション

（4）消費者のニーズ

　住宅に関して重要だと思う項目は、日当たり、地震時の安全性、防犯性、広さ・間取りの順で多い（図5）。一方、不満率は、高齢者への配慮、地震時の安全性、遮音性の順で高く、高齢者への配慮や遮音性、断熱性など、あまり重要だと思われていない項目でも、多くの不満が生じている場合がある。

（5）分譲マンションの増加と管理

　宮益坂ビルディング（1953年）に始まるマンション建設は、1970年代には年10万戸を超え急増した（図6）。単棟型、団地型、店舗等が併設された複合用途型などが建設されている。全国の分譲マンションは2021年末で約685.9万戸（国交省推計）、居住人口は約1516万人で戸数・人口共に全体の約1割となっている。

　マンションに関する法律としては、1963年に区分所有法[1]が施行され、権利や管理等の仕組が整えられた。その後、修繕や建替時の問題が発生したため、2001年にマンション管理適正化法[2]が施行され、マンション管理士の国家資格が創設された。2002年にはマンション建替円滑化法[3]ができ、建替組合の設立など、建替の際に必要な手続が定められた。また、2014年の法改正では、耐震性が不足するマンションは、区分所有者等の5分の4の賛成があればマンションと敷地の売却を行えることとなった。そのほか、マンション標準管理規約（表4）や長期修繕計画の作成に関するガイドラインなども作られている。しかし、居住者の意思統一は難しく、建替は困難なことが多い。

（6）空き家の増加と対策

　空き家の総数は年々増加しており、2018年には約849万戸、全国の空き家率は13.6％である（図2）。管理が不十分な空き家は、防災、衛生、景観等の面で、大きな社会問題となっている。このため、2015年に空家等対策の推進に関する特別措置法が施行された。

1）建物の区分所有等に関する法律
2）マンションの管理の適正化の推進に関する法律
3）マンションの建替え等の円滑化に関する法律

図5── 住宅の要素で重要だと思う項目と不満率
（平成30年　住生活総合調査）
図6── 全国のマンション戸数（国土交通省 「マンションに関する統計データ等」2021年）
表4── マンション標準管理規約（単棟型）の主な内容

図5

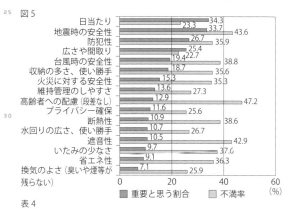

図6

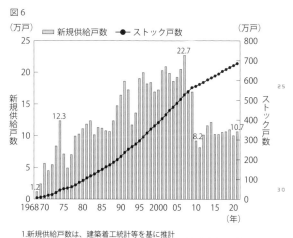

1.新規供給戸数は、建築着工統計等を基に推計
2.ストック戸数は新規供給戸数の累積等を基に、各年末時点の戸数を推計
3.ここでいうマンションとは、3階建以上・分譲・共同建で、鉄筋コンクリート造、鉄骨鉄筋コンクリート造または鉄骨造の住宅をいう

表4

第一章	総則	目的、用語の定義、規約および総会の決議の遵守義務、対象物件の範囲、効力、管理組合
第二章	専有部分等の範囲	専有部分の範囲、共用部分の範囲
第三章	敷地および共用部分等の共有	共有、共有持分、敷地または共用部分等の分割請求および単独処分の禁止
第四章	用法	専有部分の用途、敷地および共用部分等の用法、バルコニー等の専用使用権、駐車場の使用、敷地および共用部分等の第三者の使用、専有部分の修繕等、使用細則、専有部分の貸与、暴力団員の排除
第五章	管理	区分所有者の責務、敷地および共用部分等の管理、窓ガラス等の改良、必要箇所への立入り、損害保険、費用の負担（承継人に対する債権の行使、管理費、修繕積立金、使用料）
第六章	管理組合	組合員、管理組合の業務、業務の委託等、専門的知識を有する者の活用、役員、総会、理事会
第七章	会計	会計年度、収入および支出、収支予算の作成および変更、会計報告、管理費等の徴収、管理費等の過不足、預金口座の開設、借入れ、帳票類の作成・保管、消滅時の財産の清算
第八章	雑則	義務違反者に対する措置、理事長の勧告および指示等、合意管轄裁判所、市および近隣住民との協定の遵守、細則等

10.3　住宅の質の向上と消費者保護のための法律

(1) 消費者の意識

　米国の心理学者マズローは、人間の欲求を五段階に分け、徐々に上の段階に進むと考えた (図7)。住宅に当てはめて考えると、生理的な欲求を満たし、安全であることは土台となる部分で、周囲から尊敬される要素があること、自己実現につながる住まいであることが上部に来る。消費者自身が確かな知識を身に付け、主体的に質の高い住まいやインテリアを選び取ることが大切である。

(2) 住生活基本法

　だれもが安心して豊かな生活を送れるよう、国は2006年に住生活基本法を策定した。情報化や高齢化の進展など社会の動向を踏まえて、持続可能な住まいづくりについて、基本的な考え方や国等の責任を明確にしている。住生活基本法の下、全国や地方自治体の住生活基本計画が策定され、推進されている (表5)。

(3) 住宅の売買契約の仕組

　住宅の売買をする際には、買手(顧客)と売手(不動産会社など) が売買契約を交わす (図8)。その際は必ず、宅地建物取引業法にもとづき、宅地建物取引士が重要事項説明を行う (表6)。賃貸契約の場合も流れはほぼ同様である。

図8
希望する住宅条件・予算の検討 → 物件の見学と決定 → 購入申込・諸費用の確認と返済計画の作成 → 重要事項の説明 → 契約内容の確認・手付金の支払に署名捺印・契約書などの支払 → 売買契約完了・引渡し

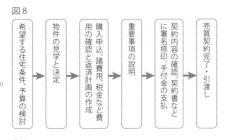

図7
```
          ＾
       自己実現
      尊敬欲求
     帰属欲求
    安全欲求
   生理欲求
```

図7 —— 人間の欲求の五段階説 (マズロー)
図8 —— 住宅の売買契約のプロセス
表5 —— 住生活基本計画(全国計画)の視点と目標 (計画期間　令和3年〜12年)
表6 —— 重要事項説明書の主な記載項目
表7 —— 建築基準法の規定の主な内容
表8 —— 瑕疵担保責任に関する規定
図9 —— 住宅性能表示制度の概要(新築)

表7

【単体規定】建築物の安全性確保	敷地 (衛生・安全の確保)：雨水排水溝、盛土等
	構造 (地震等による倒壊の防止)：構造部材、壁量等
	防火・避難 (火災からの人命の確保)：耐火構造、避難階段等
	一般構造・設備 (衛生・安全の確保)：採光、階段、給排水設備等
【集団規定】健全なまちづくり	接道規制 (避難・消防等の経路確保)：敷地と道路の関係
	用途規制 (土地利用の混乱の防止)：用途地域ごとの建築制限
	形態規制 (市街地の環境の維持)：容積率、斜線制限等

表5

① 「社会環境の変化」の視点
目標1 「新たな日常」やDXの進展等に対応した新しい住まい方の実現
目標2 頻発・激甚化する災害新ステージにおける安全な住宅・住宅地の形成と被災者の住まいの確保
② 「居住者・コミュニティ」の視点
目標3 子どもを産み育てやすい住まいの実現
目標4 多様な世代が支え合い、高齢者等が健康で安心して暮らせるコミュニティの形成とまちづくり
目標5 住宅確保要配慮者が安心して暮らせるセーフティネット機能の整備
③ 「住宅ストック・産業」の視点
目標6 脱炭素社会に向けた住宅循環システムの構築と良質な住宅ストックの形成
目標7 空き家の状況に応じた適切な管理・除却・利活用の一体的推進
目標8 居住者の利便性や豊かさを向上させる住生活産業の発展

表8

民法 (1896年)　売主が契約内容と異なるもの (種類、品質、数量など) を売却した際は、契約不適合責任が生じる。買主は追完請求権があり、代金減額、損害賠償、契約解除などを請求できる。売買と同様、請負契約にも契約不適合責任が適用される。
住宅の品質確保の促進等に関する法律 (1999年)　①瑕疵担保責任　新築住宅の売主は、基礎や柱などの基本構造部分、雨水の浸入を防止する部分について、10年間の瑕疵担保責任を負う。新築住宅の建設工事請負契約も同様。
②住宅購入者の利益の保護　住宅性能表示制度　③住宅に係る紛争の迅速・適正な解決　住宅紛争処理機関の整備

表6

【宅地・建物の状況について】
・登記簿上の権利の種類・内容・名義人など
・法令上の制限 (都市計画法・建築基準法他)
・飲料水・電気・ガス・排水施設の整備状況
・工事完了時の形状・構造など
・私道に関する負担など

・建物の建築・点検記録、維持保全に関する書類の保存状況
・石綿 (アスベスト) の使用
・造成宅地防災区域・土砂災害警戒区域・津波災害警戒区域の指定、水害ハザードマップ
・耐震診断の内容、住宅性能評価

【取引条件について】
・売買代金、売買代金以外の費用
・契約解除・損害賠償額・違約金などの事項

・金銭の賃借に関する事項、取引条件など
・手付金などの保全に関する事項

図9
⑧音環境 (重量床衝撃音対策等級など)
①温熱環境 (省エネルギー対策等級など)
⑦光・視環境 (単純開口率○○%など)
①構造の安定 (耐震等級など)
⑩防犯対策
⑥空気環境 (ホルムアルデヒド対策) (換気対策) (化学物質の濃度など)
⑨高齢者などへの配慮 (高齢者配慮対策等級など)
②火災時の安全 (耐火等級など)
④維持管理への配慮 (維持管理対策等級など)
③劣化の軽減 (劣化対策等級など)

（4）性能保証に関する法律と仕組

　建築物の安全性や快適性を実現するための最低限の基準とされているのが建築基準法（1950年）で、建築物を建設する際には、この基準に則り建設しなくてはならない（表7）。内容は、建築物の構造や設備、周辺地域との関係などである。

　欠陥住宅などへの対策としては、民法が契約不適合責任を定めているが、さらに住宅の品質確保の促進等に関する法律（1999年）が制定され、住宅性能表示制度がつくられた（表8）。また、持続可能な社会に向けて、長期優良住宅認定制度や省エネ基準などがつくられている。そのほか、新築住宅を供給する事業所が、瑕疵担保責任の保証を確実に行えるよう、特定住宅瑕疵担保責任の履行の

確保等に関する法律が策定された（2007年）。

（5）消費者関連法規

　不要なリフォームの訪問販売など、住まいやインテリアに関する事項で消費者がトラブルに巻き込まれる事件が数多く発生している。消費者庁では、消費者の事故や被害防止に関する多様な消費者政策を推進している。国民生活センター、自治体の消費生活センター、住宅リフォーム・紛争処理支援センターなどでも被害事例を収集し、注意を喚起する取組を行っている。

　消費者保護や製品の安全性に関する各種の法律があり、業界団体により、品質や性能を保証する認定制度や認定マークがつくられている（表9、10、11、12）。

表 9 —— 契約の適正化に関する法規、制度
表 10 —— 製造物の安全性に関する法規
表 11 —— 家庭用品品質表示法の対象となるインテリア関連製品
表 12 —— 品質表示に関する法規

表 9

消費者基本法 （2004 年）	消費者の権利や自立の支援その他の基本理念を定めて、国、地方公共団体、および事業者の責務などを明らかにした基本的なもの。消費者保護基本法（1968 年）が改正された。
消費者契約法 （2000 年）	事業者の行為により、消費者が誤認や困惑するような契約で、消費者の利益が不当に害される場合は、契約を取消しできる。
特定商取引に関する法律（特定商取引法、旧訪問販売等に関する法律） （1976 年）	**特定商取引**（訪問販売、通信販売、電話勧誘販売、連鎖販売取引、訪問購入など）を公正にし、消費者の利益を守るもの。 **訪問販売**では、消費者に、①事業者の氏名、②販売する商品（権利、役務）の種類などを明らかにする必要がある。消費者が契約意思がなければ勧誘の継続は禁止。契約時には、価格、支払時期と方法、引渡時期、契約解除に関する事項などを記載した書面を交付。 **通信販売**は、新聞、雑誌、インターネットなどで広告し、郵便、電話などの通信手段で注文を受けて販売する方法。 ・**クーリング・オフ制度**：訪問販売などで勧誘されて、不要なものを購入契約をした消費者は、法の定める期間内ならば違約金なしで契約申込の撤回や契約解除ができる制度。（8 日以内） ・**ネガティブ・オプション**（送り付け商法）：売買契約にもとづかないで商品が送られること。この場合は、送付を受けた者は商品を処分することができ、代金を支払う必要もないと定められている。
割賦販売法 （1961 年）	割賦販売等を公正にし、消費者の利益を守るもの。 割賦販売とは、代金を購入者から2 か月以上の期間で、3 回以上に分割して受け取ることを条件に指定商品を販売することなどをいう。 ・契約時に販売業者が明らかにすべき事項：現金販売価格、割賦販売価格、割賦金の支払期間・回数、商品の引渡時期、契約の解除に関する事項等

表 10

製造物責任法（1994 年）
PL（Product Liability）法とも呼ばれる。製造物の欠陥で人の生命や身体または財産に被害が生じた時は、製造業者などが賠償責任を負うとしたもの。製造業者などには、輸入者、製造過程に深い関係をもつ販売者なども含まれる。PL法に関する相談は、各分野のPL センターが対応している。
・**住宅部品PL 室**：建築躯体、内外装、建築設備のユニット
・**生活用品PL センター**：家具、ガラス・ホーロー製品、プラスチック日用品、金属ハウスウェア
・**消費生活用製品PL センター**：家具、家庭用品、台所用品、乳幼児用品

表 11

分野	製品の種類	該当部位
繊維製品	床織物 （パイルあり）	①繊維の組成、②表示者名等
	カーテン	①繊維の組成、②家庭洗濯等取扱方法、③表示者名等
雑貨工業品	たんす	①寸法、②表面材、③表面加工、④取扱上の注意、⑤表示者名の付記
	机及びテーブル	①外形寸法、②甲板の表面材、③表面加工、④取扱上の注意
	椅子、腰掛け及び座椅子	①寸法、②構造部材、③表面加工、④張り材、⑤クッション材、⑥取扱上の注意
	塗料	①品名、②色名、③成分、④用途、⑤正味量、⑥塗り面積、⑦使用方法、⑧用具の手入方法、⑨取扱上の注意

表 12

法規名	内容	マーク
製品安全4 法 1. 消費生活用製品安全法（1973 年） 2. ガス事業法（1954 年） 3. 電気用品安全法（1961 年） 4. 液化石油ガスの保安の確保及び取引の適正化に関する法律（1967 年）	これらの法律で規制されている製品については、法令上の義務を果たし、PSマークを貼付しなければ販売できない。1.（PS C）特別特定製品：乳幼児用ベッドなど、それ以外：石油ストーブなど　2.（PS TG）特定ガス用品：半密閉式焼式ガスストーブなど、それ以外：ガスこんろなど　3.（PS E）特定電気用品：電気温水器など、それ以外：電気冷蔵庫・電気洗濯機・電気スタンド・テレビなど　4.（PS LPG）特定液化石油ガス器具等：半密閉式ガス風呂がまなど、それ以外：一般ガスこんろなど	1 消費生活用製品安全法 PSC（特別特定製品）　PSC（特定製品） 特別特定製品　特定製品
産業標準化法 （1949 年）	国が登録した認証機関の検査で、品質が規格の水準に適していると認定された製品には、JIS（日本産業規格）マークが表示できる。建築材料や建具、設備などの鉱工業製品が対象。旧工業標準化法で、2019 年に改題。	JIS
日本農林規格等に関する法律 （1950 年）	農産物、林産物やこれらを原材料として製造・加工された製品などが対象。品質が水準に適している場合にJAS（日本農林規格）マークが認定される。合板や繊維版などが対象。	JAS

10.4　メンテナンス・建築診断とリフォーム

(1)長持ちする住宅づくり

循環型社会の実現に向けて、「長期優良住宅の普及の促進に関する法律」(2008年)が策定された。長期にわたり良好な状態で使用できる長期優良住宅に認定されると、補助金のほか融資や税の優遇などがある。住宅を長持ちさせるために、適切な診断(インスペクション)と、維持保全計画・リフォーム履歴の作成が推奨されている(図10)。住宅診断の内容や更新時期の目安は、表13の通りである。また、建築物のエネルギー消費性能の向上に関する法律(2015年)では、原則的にすべての新築住宅・非住宅(住宅以外の建築物)が省エネ基準に適合することを義務付けている。

(2)リフォームの種類と動向

リフォーム工事の内容は、設備の改善、内装の模様替え、住宅の屋根・外壁等の改善、冷暖房設備の変更が多い(図11)。リフォームの費用は、100万〜300万円未満がもっとも多く、平均で340万円程度である(図12)。省エネのためのリフォームも重視されており、窓や床・壁・天井の断熱性能の向上や、太陽光発電やエネファームを設置する工事がなされている。省エネ対策や耐震化、バリアフリー化など、リフォームの内容によっては、公的機関の助成や融資、税金の優遇などがある。

耐久性を向上させるための建築診断技術も進歩している。修繕する際は、X線調査などの手法を用いて構造や設備・配管などの現状を正確に把握する。リフォーム時にトラブルが発生することがあり(表14)、

図 10 ── 長期優良住宅の維持保全計画
表 13 ── 各部のメンテナンス時期の目安

図 10

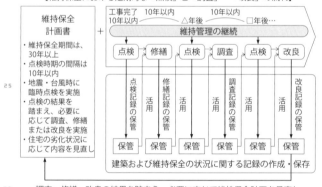

調査・修繕・改良の結果を踏まえ、必要に応じて維持保全計画を見直し

表 13

部位	仕様	メンテナンスの時期、内容
構造体	基礎・構造体	経年変化を確認。必要に応じて補修
	防蟻処理	5〜10年ごとに再処理
屋根	粘土瓦・ステンレス	25〜35年 増貼り／葺替え
	スレート瓦・銅板	10〜20年 表面塗装、25〜35年 葺替え
外壁	塗装仕上げ	10〜20年 表面塗装
	サイディング・ALC	10〜20年 目地打替え／塗装
バルコニー	防水層	10〜20年 増貼り／貼替え／重ね塗り
外部建具	玄関ドア、サッシ等	日常点検、補修／消耗部品交換
室内	内部仕上材	5〜10年 部分補修、貼替え
	内部建具	5〜10年 作動点検、補修／消耗部品交換
住宅設備	給水・給湯管	5〜10年 点検、補修
	排水管	5〜10年 高圧洗浄

図 11 ── リフォームの内容(住宅市場動向調査 2020 年)
図 12 ── リフォーム費用

図 11 (%)

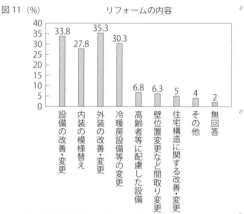

「住宅市場動向調査」(国土交通省)リフォームの内容より作成(複数回答)　2020年度　N=600

図 12
リフォーム費用

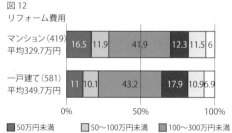

2021年度　住宅リフォームに関する消費者実態調査結果報告書(社)住宅リフォーム推進協議会
(　)内は調査対象者数

国は国民生活センターや住まいるダイヤルなどの相談窓口を設置している。また、消費者が安心して工事業者を選べるように、住宅リフォーム・紛争処理支援センターが事業者の登録制度を創設した。

(3) マンションの大規模修繕と住戸リフォーム

マンションの大規模修繕は、長期の修繕計画を立て、計画に沿って建物を点検して修繕を行う。一般的には12〜15年程度の周期で大規模修繕を実施する。内容は外壁、屋根や床の防水、給排水設備、建具・金物等が中心である。管理組合が専門の設計コンサルタント会社等に委託して計画的に実施する。費用は修繕積立金から支払われる。修繕積立金はマンションの規模や駐車場の有無にもよるが、月額1万円程度となっている。ただし工事の際に積立金が不足して一時金を徴収したり金融機関から借り入れたりする事例もあるため、国では30年以上の長期修繕計画に基づき修繕費を積み立てるよう推奨している。

居住者が自分の住戸をリフォームする際は、マンション管理規約の専有部分の修繕等に関する条項を踏まえて工事を実施する。管理組合に事前に相談し、承認を受ける必要がある。一般的には、敷地は区分所有者全員の共有のものだが、建物は区分所有しており、部位により、**専有部分、共用部分**の区別がある（**図13**）。個人がリフォームできるのは専有部分に限られる。また、工事中に近隣住戸に迷惑をかけないよう、十分に留意する。

(4) 高齢者向けリフォーム

高齢社会を迎え、高齢者向けリフォームが増加している。主として、手すりの設置や段差の解消であり、各種の福祉用具を効率的に利用することが大切である。要介護者・要支援者が利用する介護保険では、住宅改修費の給付や福祉用具の購入費の支給・レンタルなどのサービスがある（**表15**）。助成・融資制度がある自治体も多いため、高齢者向けの住宅リフォームを行う際には、事前に市区町村の担当課に相談する。新築の時点で、将来的なリフォーム計画を考えておくことも大切である。

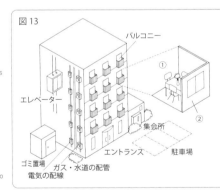

図 13

バルコニー
①
②
エレベーター
集会所
エントランス　駐車場
ゴミ置場　ガス・水道の配管
電気の配線

①専有部分
住戸内（躯体部分を除く）、玄関扉の錠および内部塗装部分内側、配管・配線で専有部分内の枝管・枝線

②共用部分
外壁、躯体、エントランスホール、廊下、階段、エレベーター、バルコニー、駐車場、配線・配管、窓枠・窓ガラスなど
共用部分のうち、特定の居住者が使用する部分を専用使用部分という。
バルコニー、ルーフテラス、1階住戸の専用庭、玄関扉、サッシなど。

図13 —— マンションの共用部分と専有部分
表14 —— リフォームに関する専門家相談の内容
表15 —— 介護保険による住宅改修、福祉用具関連サービス（2022年現在）

表 14

・不具合が生じている
・契約と工事の内容が異なる
・不具合と契約に関するトラブル
・工期が遅れた
・追加費用を請求された

表 15

①住宅改修費給付	②福祉用具購入費給付	福祉用具貸与
給付金額：支給限度額 20 万円（所得に応じて自己負担 1 〜 3 割）	**給付金額**：支給限度額 10 万円／年（所得に応じて自己負担 1 〜 3 割）	**貸与の方法**：1 か月ごとに貸与が可能（レンタル料の 1 〜 3 割が自己負担）
対象となる改修内容 ①手すりの設置 ②段差の解消 ③すべり防止および移動の円滑化などのための床または通路面の材料の変更 ④引戸などへの扉の取替え ⑤洋式便器などへの便器の取替え ⑥その他　①〜⑤の住宅改修に付帯して必要となる住宅改修	**対象となる福祉用具** ①腰掛便座 ②排泄予測支援機器 ③入浴補助用具（入浴用椅子、入浴台、浴槽用手すり、すのこなど） ④簡易浴槽 ⑤移動用リフトのつり具の部分 ⑥自動排泄処理装置の交換可能部品	**貸与品目** ①車椅子（付属品含む） ②特殊寝台（付属品含む） ③床ずれ防止用具 ④体位変換器 ⑤手すり（取付工事が不要なもの） ⑥スロープ（取付工事が不要なもの） ⑦歩行器 ⑧歩行補助杖 ⑨認知症老人徘徊感知機器 ⑩移動用リフト（つり具を除く） ⑪自動排泄処理装置

10.5　安心・安全な住まい

(1) 自然災害に強い住まい

　自然災害には、気象災害（雨、雪、風、雷など
を原因とする災害）と、地震・火山災害などがある。
日本は世界でも有数の地震国で火山も多い。地球
温暖化の影響で、台風や集中豪雨も増えている。
そこで居住地周辺で起こる可能性のある災害を把
握しておくことが大切で、ハザードマップで、洪水、
内水氾濫、津波、液状化、土砂災害、火山、活
断層などの被害の可能性を確認しておくとよい。

　災害に関する主な法律として災害対策基本法が
あり、国や地方自治体では防災計画を策定してい
る。災害時にもっとも困難を強いられるのは、高齢
者や障がい者、乳幼児などの要配慮者であり、福
祉避難所や福祉避難室が設置されることになってい
る。災害時には、自助・共助の備えが大きな力を
発揮するため、各地で防災教育や防災訓練などの
取組みが進められている。

(2) 地震対策

　地震対策としては、住まいの耐震性能を高めてお
くことが重要で、耐震診断や耐震改修が欠かせな
い（表16、図14）。自治体でも助成・融資制度を設け
て推進している。特に建設年度が古い建物は危険
性が高い。構造躯体の強化とあわせて、家具・家
電製品の転倒防止やガラスの飛散防止など、室内
の耐震対策も重要である。備蓄や避難用品の準備
も必要で、持ち出しやすい場所に収納場所を設ける。

　学校や老人ホーム、不特定多数が利用する施設
などでは、建築物の耐震改修の促進に関する法律
（1995年）のもと耐震化が進められている。

(3) 防火対策

　住宅火災は1年間に1万件以上発生している。ま
た、住宅火災による死者の約7割は高齢者で、逃
げ遅れて亡くなる割合が高い。木造住宅密集地域
などで火災が起きると大きな被害につながる恐れが
あるほか、高層住宅や3階建住宅、高齢者向け住

図 14 —— 室内の地震対策
表 16 —— 木造住宅の耐震性能に
関するチェックポイント
表 17 —— 住宅防火対策のポイント
（消防庁）

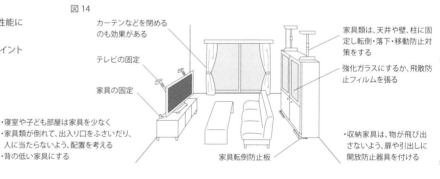

図14

カーテンなどを閉める
のも効果がある

テレビの固定

家具の固定

家具類は、天井や壁、柱に固
定し転倒・落下・移動防止対
策をする

強化ガラスにするか、飛散防
止フィルムを張る

・寝室や子ども部屋は家具を少なく
・家具類が倒れて、出入り口をふさいだり、
　人に当たらないよう、配置を考える
・背の低い家具にする

家具転倒防止板

・収納家具は、物が飛び出
　さないよう、扉や引出しに
　開放防止器具を付ける

表16

□**建設年度**　1981年（昭和56年）6月以降に建てられ
　た建物である。(1981年6月に建築基準法が改正され、
　耐震基準が強化された)
□**地盤・基礎**　鉄筋コンクリートの布基礎、ベタ基礎や
　地盤に合わせて杭基礎にしている
□**平面形状**　長方形に近く、凹凸が少ない
□**壁**　東西南北にバランスよく壁がある
　1階と2階の壁面ができるだけ一致している
　一辺4m以上の大きな吹き抜けがない
□**屋根**　軽い屋根葺材を利用している
□**傷み具合**　建物の各部が傷んでいない。あるいは傷
　んだところは補修している
□**増改築**　増改築の際は確認申請等の手続きを適正に
　行い、構造上重要な壁や柱は残す。

表17

住宅防火　いのちを守る10のポイント（4つの習慣と6つの対策）
◆ 4つの習慣
　寝たばこは絶対にしない、させない
　ストーブの周りに燃えやすいものを置かない
　こんろを使うときは火のそばを離れない
　コンセントはほこりを清掃し、不必要なプラグは抜く
◆ 6つの対策
　出火防止　ストーブやこんろ等は安全装置の付いた機器を使用
　早期察知　住宅用火災警報器を定期的に点検し、10年を目安に交換
　延焼拡大防止　部屋を整理整頓。寝具、衣類、カーテンは防炎品を使用
　初期消火　消火器等を設置し、使い方を確認
　早期避難　要配慮者は、避難経路と避難方法を常に確認し、備えておく
　地域の助け合い　防火防災訓練、戸別訪問など地域ぐるみの防火対策

宅など、避難が難しい住宅については特に十分な対策が必要である（**表17**）。また地震火災への対応として、安全装置の付いた暖房器具の利用や、通電火災への備えも大切である。

出火原因を見ると、たばこ、こんろ、電気機器、配線器具、放火、たき火が多い。対策としては、①火災を起こさない（生活面の工夫、安全な設備機器の利用）、②火災をすぐに察知して被害を最小限にする（火災警報器・消火設備・防炎製品の利用、住宅本体の耐火・防火性能の向上）、③避難しやすい環境をつくる（避難路、避難設備）、の3段階の配慮が大切である。

(4)防犯対策

住宅の侵入窃盗件数は年々減少しているが、1年間に2万件以上が発生している。発生数の約7割が一戸建住宅で、共同住宅（3階建以下）が約2割、共同住宅（4階建以上）が約1割である。侵入の手口は、低層の場合は、「無締り」「ガラス破り」「合鍵」の順に多い。共同住宅（4階建以上）の場合は、「無締り」の次に「合鍵」が多い。窓やドアなどの対策

が重要である（**図15、16**）。

防犯性能の高い建物部品の認定制度があり、認定された製品にはCPマークが貼付されている。ドアと錠、ガラス、サッシ、雨戸、シャッター、面格子などが認定されている。

住宅性能表示制度にも防犯性能に関する項目があるほか、共同住宅には、「防犯に配慮した共同住宅に係る設計指針」がつくられており、安全な出入口、エレベーター、駐車場、駐輪場などの設計上の配慮がまとめられている。

(5)住宅内事故の予防

住宅内事故による死亡者は交通事故死よりも多く、特に高齢者が被害にあっている（**表18**）。特に、同一平面上での転倒や入浴中の溺死が多い。転倒は小さな段差やすべりやすい床、スリッパやマットの使用、電源コードなどが原因となっている。足元に余計な物を置かない工夫や手すりの設置などが効果がある。浴室での溺死は寒い時期に多く、温度差により血圧が急に変化することが原因とされている。脱衣室・浴室を暖かくして入浴することが重要である。

図15 —— 防犯対策のポイント
図16 —— サムターンカバーとガードプレート
表18 —— 家庭における不慮の事故死の主な原因
（厚生労働省人口動態統計2020年）

図15

■庭・駐車場
・塀は見通しが良く、乗り越えたりすり抜けたり、上方への足場にならないもの
・エアコンの室外機等は2階への足場にならないようにする
・庭や敷地内空地には、足音が立つ砂利などを敷くと良い
・照明・防犯灯などで明るくする

■窓
・ロック付きクレセントにし、補助錠も取り付ける
・雨戸錠を各戸板2ヵ所以上付け、雨戸外れ止めを付ける
・見通しを良くして防犯合わせガラスにする、または防犯フィルムを貼る

■玄関・勝手口
・防犯性能の高い錠前、補助錠を設置する
・ドアの隙間にガードプレートを付ける
・防犯サムターンまたはサムターンにカバーを付ける
・アラームなどの防犯器具を付ける
・郵便受けから手などが入らないようにドア内側にカバーを付ける

■門
・門には門扉やインターホン等を付ける

■1階の掃き出し窓
・ガラスは防犯合わせガラスにするか、防犯フィルムを貼る

■その他
・留守と思われない工夫をする

図16

室外　サムターンカバー

ガードプレートを取り付けることで外から鍵がこじ開けられるのを防ぐ　ガードプレート

室外

室内

扉厚

表18

	総数	0〜9歳	10〜29歳	30〜64歳	65歳以上
転倒・転落・墜落	2418	8	36	264	2110
スリップ、つまずき及びよろめきによる同一平面上での転倒	1461	2	5	126	1328
階段及びステップからの転落及びその上での転倒	395	1	0	44	350
建物又は建造物からの転落	240	4	28	64	144
不慮の溺死及び溺水	5451	12	47	309	5083
煙、火及び火炎への曝露	724	9	11	161	537
熱及び高温物質との接触	38	0	0	0	38
有害物質による中毒及び曝露	277	0	25	171	81
不慮の窒息	3219	53	20	339	2807
総数	13708	85	143	1507	11966

注）死因の項目は主なもの。足しても最下部の総数にはならない。

1章　付録：住まいの年表　＊図版横の番号は巻末出典を表す。

	先史・原始（縄文・弥生）	古代（奈良・平安）	中世（鎌倉・室町）	近世（安土桃山・江戸）
日本	**竪穴住居** ①奈良県佐味田古墳出土の家屋文鏡に描かれる建物（4世紀頃）[1] ②群馬県茶臼山古墳出土の家形埴輪（4～5世紀頃）[2]	**寝殿造** ③藤原定家邸（太田静六復原）寝殿と中門廊という基本形をもつ、比較的小規模な寝殿造[3] ④京都御所 紫宸殿（1855年）[4]　朱塗りの円柱と白壁に檜皮葺の入母屋屋根を載せた寝殿造は、築地塀が囲む白砂の庭に南面している。規模は桁行8間（間口33m）、梁行3間（奥行23m）で、柱間には蔀戸、内側の床は板張り、外側には東西南北4面に廂、簀子縁を巡らせている ⑤年中行事絵巻に見られる闘鶏の図[5]　寝殿南面で闘鶏が行われる姿が描かれるが、多くの行事がこのように寝殿の前の庭で行われた	**書院造** ⑥慈照寺（銀閣寺、1400年代末）[6]　持仏堂である東求堂の同仁斎は、付書院、棚を備えた現存する最古の書院造	⑦二条城（1600年代初頭）[1][7]　玄関、遠侍、大広間、白書院などが雁行型に接続された構成。室内には折上格天井、透かし彫の欄間、金碧の障壁画、豪華な飾金物が用いられ、最も豪華な書院造の装飾が見られる **数寄屋造** ⑧妙喜庵待庵（1500年代後期）利休の茶室として伝えられ、建物として現存する最古の草庵風茶室

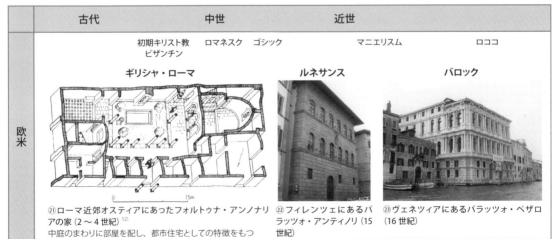

	古代	中世	近世	
欧米		初期キリスト教 ビザンチン	ロマネスク　ゴシック	マニエリスム	ロココ
	ギリシャ・ローマ		**ルネサンス**	**バロック**	
	㉑ローマ近郊オスティアにあったフォルトゥナ・アンノナリアの家（2～4世紀）[12]　中庭のまわりに部屋を配し、都市住宅としての特徴をもつ		㉒フィレンツェにあるパラッツォ・アンティノリ（15世紀）	㉓ヴェネツィアにあるパラッツォ・ペザロ（16世紀）	

近代（明治・大正・昭和）			現代

蔵造

⑨川越の町並（明治初年）
在来木造の不燃化が目的

擬洋風

⑩旧伊達郡役所（1883年）
洋風技術が定着するまでの過渡期に出現した和洋折衷建築

コロニアル

⑪神戸のハンター邸（1907年）
神戸、長崎、横浜などの外国人居留地で用いられた

中廊下型住宅

⑫ 1935年に建てられた住宅の例 [8]

ライト風住宅

⑬大正時代の台所改善設計図案 [9]
大正デモクラシーの時代には、婦人雑誌などで生活改善運動が紹介され、立式の流し台、調理台、ガス台による文化台所が奨励された

アールデコ

⑯旧朝香宮邸（現東京都庭園美術館、1933年）
日本では数少ないアールデコ様式の住宅

集合住宅

⑭同潤会青山アパート（1926年）
わが国最初期の集合住宅 [4]

ライト風住宅

⑮首相官邸（1929年）
F. L. ライトと弟子の A. レーモンドがアメリカより来日し、日本の住宅に影響を与えた [10]

インターナショナルスタイル

⑰若狭邸（1938年）
堀口捨己設計、このほかに山口文象、吉田鉄郎などによる住宅作品がある

住宅団地・ニュータウン

⑱千里ニュータウン（1960年代）
大阪府内の公団・公社・公営の高層住宅団地、1,200ha、3.7万戸、15万人 [10]

プレハブ住宅

⑲鉄鋼骨組に ALC 版（軽量気泡コンクリート）を床・壁・屋根に用いた構法の例

ポストモダン

⑳Y邸（1975年）
脱近代を目指すポストモダンの旗手・磯崎新が設計した [4]

近代			現代

田園都市

㉔ウェルウィン田園都市（1920年）
ロンドン郊外にあり、住宅地だけでなく、工業地域も含めて計画された

アールデコ

㉕パリを中心に活躍したフランツ・ジュルダンの室内デザイン案（1920年代）[13]

インターナショナルスタイル

㉖サヴォア邸（1931年）
ル・コルビュジエは住宅を合理的に解析し、「住むための機械である」と提唱した [13]

新素材と工業化

㉗イームズの自邸（1949年）
アメリカのデザイナー・C. イームズは、常に新しい素材、構法に挑戦し、自邸の建築には規格化された工業製品のみを用いた [14]

図と説明は、史実で明確に裏付けられたものばかりではなく、類推や想像による
イメージの要素を含んでいる。住居と都市を見る目は、必ずしも常に科学的思考
によるのではなく、想像的思考によるものでもあるからである。

3章　付録：素材・構法で見る世界の住まいと都市

①マンハッタン島をおおうドーム計画（1950/1960 年）[1]
架構式を極限まで合理化すると、立体トラスになる。バクミンスター・フラーはニューヨークの都市にドームを架けて空調する壮大なプランを構想した。

②レイクショアドライブアパートメント（アメリカ・シカゴ　1951 年）[2]
ミース・ファン・デル・ローエの代表作。架構式は、軽量な骨組で空間を構成できる。高層化・不燃化の要求から、鉄骨造が生まれた。

③クラノッグの民家（アイルランド・クラガウ農園　BC750 年頃）[3]
土壁の上部に円錐状の垂木状屋根を架ける。新石器時代、世界各地に見られた竪穴住居（日本では縄文時代、栗材を利用）に似ている。

材料・構造の近代化

④ハーフティンバー住居（ドイツ・ローテンブルク　中世〜）[4]
素朴で力強く柱や梁が露出する架構式の木造（真壁構造）。ヨーロッパ広範囲に分布。北欧で一般的な組積造に近いログハウス（わが国の校倉造）とは異なる系統である。

⑤高床倉庫（日本・沖縄　BC3 世紀）[4]
4 本の柱に鼠返し・刻み階段を付け、屋根は草や木で葺き、穀物貯蔵庫として、各地でつくられた。種の保存や祭祀用にも使われ、出雲大社や伊勢神宮に連なる形か。

| 法　　隆　　寺 |
| 出雲大社・伊勢神宮 |
| 登呂・吉野ヶ里遺跡 |
| ラップキャンプ |

⑥ウロス島の住居（ペルー・チチカカ湖　古代〜現代）[5]
ウル族は、伝説では太陽が生まれる前からここに住み、浮島も家も船も食物も葦（トトラ）に頼り、魚や水鳥を捕らえて暮らす。

⑦三内丸山遺跡（日本・青森県　BC4000 年頃）[6]
直径 1 m の栗柱 2 列 6 本からなる大型掘立柱建物。柱の間から夏至の陽が上がり、冬至の陽が沈む。豊かな森の農耕文化の祭祀を思わせる。

木材・架構式

動物・被服式

原初の住居

⑨ティーピー（アメリカ大平原　伝統住居）[7]
いわゆるインディアンは、マンモスを追ってベーリング海峡を渡り北米にやって来たかも知れない。マンモス住居と構造は近い。

⑧ベドウィンの天幕住居（中東・砂漠地帯　伝統住居）[7]
木骨皮張テントの折畳み式構造は、軽量で遊牧民の住居の基本形式。昼夜の温度差が大きい砂漠では、開閉や毛布の保温で対応できる。

⑩マンモスの骨を使った住居（ウクライナ・メジリチ遺跡　1.5 万年前頃）[8]
草原が広がる東欧地域には、冬に身を寄せる洞窟が少ない。マンモスの肉は食物、皮は衣服に、骨と皮は住居にも使用した。

⑬紙のログハウス（世界各地　現代）[11]
坂茂設計。災害時など、水も木もないところで、被災者や避難民を救うために世界で活躍する緊急用シェルター。躯体は紙管・屋根はテント、軽量で安価なコストで、だれでも組み立てることができる。

材料・構造の近代化

⑪モントリオール万国博覧会西ドイツ館（カナダ・モントリオール　1967 年）[9]
フライ・オットー設計。自由で軽快なシルエットは、博覧会のシンボル。重厚で壮大な権威的デザインを避けている。

⑫東京ドーム（日本・東京　1988 年）[10]
竹中工務店・日建設計。建築面積約 4.7 万㎡、容積 24 万㎡。高分子膜の内外気圧差で約 13,000m² の大空間を柱なしでおおう空気構造。世界初のアストロドーム（ヒューストン、1965 年）は、鉄骨トラス屋根だった。

⑮ **ウフィツィ美術館**（イタリア・フィレンツェ　1591年より公開）[12]
ルネサンス期に君臨したメディチ家の宮殿で、役所にもなり、現在は美術館。建築の用途は、時代とともに変化する。

⑭ **ローテンブルクの妻飾の街並**（ドイツ　中世〜）[4]
城壁と門を石でつくり、住居も教会も厚い石壁の組積造。中世都市の落ち着いた街並だが、窓は小さく、室内は暗い。

アルハンブラ

⑯ **東京駅と周辺再開発**（日本・東京　現代）[13]
オランダ・アムステルダム駅を模範とし近代東京の象徴とされた駅（辰野金吾設計）。2012年、戦前の3層構成の姿に復原された。丸の内・八重洲の両側で超高層ビルによる再開発が進む。

材料・構造の近代化

オスティアの住居

バベルの塔

パルテノン・パンテオン

ピラミッド

⑰ **モヘンジョダロ**（パキスタン南東　BC2500〜1800年頃）[14]
都市が生まれた時、日干レンガの組積構造は、最も普遍的材料の一つであった。外部には丈夫な焼成レンガが使用された。

⑳ **ユニテ・ダビタシオン**（フランス・マルセイユ　1952年）[3]
コルビュジエをはじめ近代の建築家たちは、プランやファサードの自由さや軽快なデザインを求めて、RC造を発展させた。

⑱ **ストーンヘンジ**（イギリス・ソールズベリー近郊　BC8000年頃?）[15]
4重の石柱列の中央に巨石が立つ太陽神の祭祀遺跡。住まいは神のためにも必要だった。近辺に木造住居も発見された。

⑲ **エレクティオン**（ギリシャ・アテネ　BC407年頃）[4]
エレクティオンなど3神を祀る、繊細なイオニア式列柱の神殿。南側の小柱廊を支える6体の女性像の柱（カリュアティド）は、ローマやルネサンス期にも模倣された。

石材・組積式

のイメージ

土氷・洞窟式

㉑ **ラスコー洞窟**（フランス・モンテニャック近郊　先史時代）[15]
自然の洞窟は、安全で、冬暖かく夏涼しい空間であった。写実的で大胆な壁画は、住居のインテリアというより、祈りの場のしつらいであった。

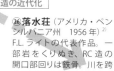

㉒ **イグルー**（北アメリカ大陸北極圏の伝統住居）[16]
木も石もない雪の世界でも、雪を固めて積み上げ、住居をつくれば生きていける。氷河時代後の生まれたての初期人類のように。

㉓ **ヤオトン**（中国西部　伝統住居）[17]
黄土平原の乾燥地帯で、掘るだけでできる材料のいらない住居。寒暖の差が大きい風土でも、快適で省エネ。

カッパドキア

㉔ **タオス・プエブロのアドビー**（アメリカ・ニューメキシコ　11世紀頃〜）[18]
アメリカ原住民の住居で木骨土塗構造。現在は省エネのアースシェルターハウス（ESH）として、注目される。

材料・構造の近代化

㉖ **落水荘**（アメリカ・ペンシルバニア州　1956年）[2]
F.L.ライトの代表作品。一部岩をくりぬき、RC造の開口部回りは鉄骨。川を跨ぐ大胆なデザイン。

㉗ **表参道ヒルズ**（日本・東京　2006年）[13]
安藤忠雄設計。大正期の集合住宅・同潤会青山アパートの老朽化による再開発で生まれた地下利用の複合施設で、過去の記憶を形にとどめる。

㉕ **アースシェルターハウス**（アメリカ中西部 1985年頃）[4]
屋根や外壁を土でおおい、南側にグリーンハウスを置くパッシブソーラーハウス。1973年のオイルショック以降、アメリカやドイツで建築の省エネ化が進んだ。

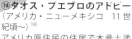

4章　付録①:構造材料の特徴

1. 木材の性質

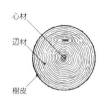

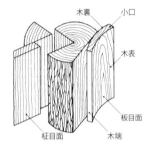

木材の硬さや強度は、一般に比重に比例し、心材は辺材より強い。乾燥させると強度が上がり、腐朽に強くなるので、気乾（含水率15%）まで乾燥後に使用する。木材は、乾燥収縮により木裏から木表に反る。

2. 製材と用途

大分類	細分類	用途	基準
板類 厚さ 75mm 未満 幅　厚さの 4 倍以上	板	天井板、羽目板、床板、鏡板、野地板、荒床板、下見板、貫	厚さ 30mm 未満 幅 120mm 以上
	小幅板	貫、腰羽目板、付長押、縁甲板、床板	厚さ 30mm 未満 幅 120mm 未満
	斜面板	下見板、長押、平淀、登淀、広小舞	厚さ（一） 幅 60 mm 以上
	厚板	棚板、階段板、甲板、カウンター板、家具	厚さ 30mm 以上 幅（一）
ひき割類 厚さ 75mm 未満 幅　厚さの 4 倍未満	正割	竿縁、垂木、野縁、根太	横断面が正方形のもの
	平割	敷居、鴨居、間柱、胴縁、幅木、窓枠材、建具、額縁、筋かい	横断面が長方形のもの
ひき角類 厚さ 75mm 以上 幅　厚さの 4 倍未満	正角	柱、土台、母屋、束、棟木、大引、床框、親柱	横断面が正方形のもの
	平角	梁、桁類、上がり框、ささら	横断面が長方形のもの

木材は、板目より柾目が上等とされる。木材は断面サイズにより分類がなされ、用途が慣習的に決まっている。

3. 鉄と鋼の分類

（JIS G 0203、G 4303 より作成）

分類	炭素含有量	種類	特徴	用途等
純鉄	0.02 以下		軟らかい	
炭素鋼	0.02 ～ 2.0	低炭素鋼	軟らかく、伸びる	鉄骨、鉄筋、鋼板、軟鋼など
		中炭素鋼	中程度	レール、機械用形鋼、板、半硬鋼など
		高炭素鋼	硬く、伸びにくい	ばね、ピアノ線、工具、硬鋼など
鋳鉄	2.0 以上	−	硬いがもろい	一般機械、シリンダーなど
合金鋼	鋼＋ニッケル、クロムなど	SUS304 他	さびにくい	外装、水回り SUS304 は、クロム 18%、ニッケル 8%を含む高級品

鉄は、炭素含有量により純鉄、鋼、鋳鉄に分類される。炭素が多い鋳鉄は硬いがもろい。住宅の構造に使用する鉄骨や鉄筋は、低炭素鋼が使用される。鉄は重量のわりに比強度が大きく、コンクリートに比べて軽量化できるが、火に弱いので中高層建築では耐火被覆、さび対策としての塗装が重要である。

4. 鋼材の種類と用途

（JIS G 3350、G 3192 より作成）

種類	分類	形状	用途
形鋼	重量形鋼	等辺山形鋼、不等辺山形鋼、I 形鋼、溝形鋼、平形鋼、T 形鋼、H 形鋼	柱、梁
	軽量形鋼	軽溝形鋼、軽 Z 形鋼、軽山形鋼、リップ溝形鋼、リップ Z 形鋼、ハット形鋼	柱、梁、天井下地、壁下地
棒鋼	棒鋼	棒状の鋼材	手すり子、窓格子
	鉄筋コンクリート用棒鋼	丸鋼、異形棒鋼	柱、梁に掛かる引張力に対する補強材に使用
鋼板	平鋼	厚さ6mm、9 mm のものが多い 厚さ 12mm 以上のものもある	鉄骨造の柱・梁のつなぎなどに使用
	帯鋼	厚さ 3.2mm 以上、幅 914mm 以上の形状のもの	造船、車両、シートパイル
	薄板	厚さ 3mm 以下の鋼板	鋼製型枠（加工して屋根、外壁材に使用）

鋼材は、形鋼（中高層構造用の重量形鋼と低層構造用・内装下地用の軽量形鋼）、棒鋼（鉄筋）、鋼板（柱・梁の接続用の平鋼、屋根・外壁用の薄板）の 3 種類に分類される。柱、梁は工場で加工され、現場接合にはボルト・ナットまたは溶接が使用される。床、屋根には V 型や W 型に 2 次加工したデッキプレートや、焼付した塗装鋼板などが使用される。

5. コンクリートの構成

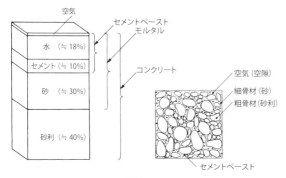

コンクリートは、セメント、砂、砂利を容積比約1:2:4に混合し、水セメント比60%前後で練り合わせて、型枠内で固化させたもの。強度が大きく、火にも強い。普通ポルトランドセメントの打設4週間後の圧縮強度は約3,920N/m²である。
コンクリートの重量は打込直前の状態で24kN/m³程度であるが、鉄筋コンクリートとしての重量は40kN/m³もあり自重の大きな建物となる。

7. コンクリート強度の分類

普通のコンクリート	$F_c < 36$	
高強度コンクリート	$36 < F_c < 60$	
超高強度コンクリート	$60 < F_c$	

F_c= 圧縮強度（単位：N/mm²）

「建築工事標準仕様書・同解説」日本建築学会より

6. コンクリートの調合とスランプ

コンクリートの種類	鉄筋コンクリート用
調合比（容積比）	セメント：砂：砂利 1:2:4
水セメント比	条件により50〜70%程度
練り方（原則としては機械練り）	全部の材料を同時に機械（ミキサー）で練る

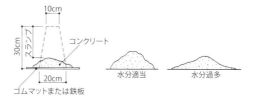

コンクリートの種別	スランプ最大値(cm)	標準値(cm)
高級コンクリート 常用コンクリート	18 21	縦長の部位 10〜18 横長の部位 6〜15
高強度コンクリート 水密コンクリート マスコンクリート	15 15 15	8〜12
暑中コンクリート 海水の作用を受けるコンクリート	18 18	―

コンクリートの水セメント比は、水が多く軟らかいと打設しやすいが強度が出にくく、硬いと施工が困難であるため、スランプテストのスランプ値で評価する。

8. コンクリートの耐久性と劣化

劣化現象	定義
中性化	コンクリートが空気中の炭酸ガス、水中に存在する炭酸、その他の酸性のガスあるいは塩類等の作用によりアルカリ性を失っていく現象
鉄筋腐食	コンクリートの中性化やひび割れ、浸食性化学物質、漏えい電流などによって鉄筋がさびる現象
ひび割れ	打ち込んだ時点では一体であったコンクリート部材に、許容応力度以上の応力（主として引張・曲げ強度）が作用して生じる巨視的、部分的な破壊現象
漏水	水が存在する環境下において、水が透過してしみ出るか、あるいは部材内および部材間の間隙部分を通して漏出する現象
強度劣化	低品質材料、使用環境、熱作用、化学作用、疲労などによってコンクリートの強度が低下する現象。竣工時に強度が低かったものも含む
大たわみ	鉄筋の腐食、ひび割れ、強度劣化のほか、設計・施工欠陥、構造的外力作用、熱作用などによって、主として水平部材が大きく変形する現象（短期荷重は除く）
表面劣化	コンクリートの表面が、使用環境、熱作用、化学作用によって損傷し、ポップアウトや剥離・剥落などを起こす現象
凍害	コンクリート中の水分が凍結・融解を繰り返し、ひび割れが発生したり、表層が剥離したりして、表層から次第に劣化していく現象

コンクリートの耐久性は、アルカリ性のコンクリートが中性化するまでの100年以上とされてきたが、近年、海砂や酸性雨などの問題のため、疑問視されている。

1. 合板

ラワンやシナなどの木材を薄くはいだ単板を、繊維方向を直交させて張り合わせたもの。ボードの寸法は、910×1,820、1,210×2,420、厚さは2.5、4、5.5、6、9、12、15、18などが多く使用される。

種類		特徴	用途
普通合板	1類	完全耐水性で、長時間外気や湿潤露出に耐えられる接着性を有するもの。	外壁、屋根、1階床下地
	2類	普通の耐水性で、通常の外気や湿潤露出に耐えられる接着性を有するもの。	内装下地
天然木化粧合板		木材の美観を表すため、表面に天然木単板を張り合わせたもの	内装仕上、家具など
特殊合板		普通合板の上に美観を目的に天然木の張付、プリント、塗装、合成樹脂オーバーレイなどの加工を仕上とする。	内外装仕上、家具など
構造用合板		建築物の構造体力主要な部分に使用する合板。強度1級・2級、耐水性能で類似・1類に分かれる。	筋かいの代用と壁下地を兼ねる
コンクリート型枠用合板		打放仕上用の1種、通常の型枠その他用の2種に分かれる。	コンクリート型枠用

(日本農林規格より)

3. 石膏ボード

石膏の両面を紙で補強し、板状にしたもので、準不燃・不燃材のものもある。

種類	厚さ(mm)	特徴	用途
石膏ボード	9.5 12.5 15	最も一般的なもので、防火性、遮音性に優れ、防火材料として認定されている。平ボードともいう。	壁・天井下地
シージング石膏ボード	9.5 12.5 15	石膏ボードに防水加工したもので、軒天井にも使用可能である。	台所、洗面所などの水回り部の下地
石膏ラスボード	9.5 12.5	左官仕上の下地用で、亀裂防止を目的とする。工期短縮。	壁下地
化粧石膏ボード	9.5 12.5 15	石膏ボード表面にプリント模様などの加工を施したもので、プラスチック加工の特殊品もある。	壁・天井仕上

(JIS A 6901)

5. ボード壁の納まり

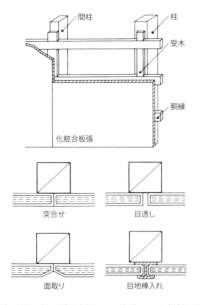

ボード類で柱を隠す大壁は、下地ジョイント部割れ目が仕上面に出ないように、また化粧板では目透し仕上など、多様な工夫がある。

2. 繊維板（ファイバーボード）等

木材を繊維状に分解し、バインダー（接着剤）を加えて成型したもの。

種類		材料	特徴	用途
繊維板	軟質繊維板（インシュレーションボード）	草木の繊維	軽量で断熱性に優れる。加工しやすい。	畳床、壁下地、天井仕上
	半硬質繊維板（MDF）	木材繊維	割れ、節などがない。調湿性に優れる。	家具・キャビネット、下地、造作
	硬質繊維板（ハードボード）	木材の小片・稲藁	材質が均一。平滑で硬い。	内外壁下地・仕上、家具
パーティクルボード		木材の小片	切断・加工が容易。耐水性・耐磨耗性がある。	家具、ドア、床・壁・屋根下地

(JIS A 5905、A 5908)

4. セメント板

木材を細かくチップ状に分解し、バインダーを加え加圧成型したもの。

種類	材料	特徴	用途
木毛セメント板	木毛、セメント	防火性がある。加工性がよい。断熱・吸音性に優れている。	体育館・工場の天井など（現在は少ない）
木片セメント板	木片、セメント	防火性がある。断熱材・吸音材・屋根下地材に使用。	防火構造の要求される外壁・軒裏など
スレートボード	セメント、石綿以外の繊維	防火性がある。強度がある。内・外装材に使用。	住宅、駅、工場、大型店舗などの外壁・屋根など
けい酸カルシウム板	セメント、けい酸質原料、石綿以外の繊維	防火性がある。軽く加工性がよい。吸水率が大きく施工場所に注意。	住宅の軒裏・天井など

(JIS A 5404、A 5430)

6. 機能材料

材料		種類	用途
機能材料・その他	塗装材料	オイルペイントOP、クリアラッカーCL、エナメルラッカーEL、合成樹脂塗料	鉄、木材
		合成樹脂エマルジョンペイントAEP、ビニル系エナメルペイントVP	コンクリート、モルタル、石膏ボード
		オイルステインOS、漆、カシュー	家具、木材
	断熱材料	グラスウール、ロックウール、発泡プラスチック、インシュレーションボード	床、壁、天井
		複層ガラス	窓
	接着材料	デンプン系	壁装、紙類
		膠、酢ビ系	木材、プラスチック
		ゴム系	木材、プラスチック
		エポキシ系	万能瞬間接着剤
		フェノール、メラミン系	1類合板
		ユリア系	2類合板、集成材、パーティクルボード
		カゼイングルー	3類合板
	透光材料	ガラスブロック、プロフイリットガラス	壁
		ガラス、アクリル、ポリカーボネート、障子紙、ステンドグラス	窓
	防水材料	アスファルト、シート、塗膜、防水コンクリート、シリコン	シール材
	その他	ニッケル・クロム合金（ニクロム）	発熱体
		フューズ、形状記憶合金、バイメタル	電気的安全制御装置
		亜鉛、錫、クロム、金、銀	メッキ
		ホーロー	鋼板
		シリコン	撥水剤
		サラン	防虫網
		ポリエチレンフィルム	防湿フィルム、保護材

7. 板ガラスの特性

種類	使用部位												基本性能						
	壁			内装・建具		家具類							透視性	加工性	安全性	防火性	断熱性	デザイン性	結露防止
	外壁	間仕切	浴室	トップライト	窓ガラス		ベランダ	フェンス	カーポート	ショーウィンドー	展示ケース	サイン							
フロート板ガラス（透明板ガラス）		○			○					○	○	○	○	○					
すり板ガラス			○		○									○					
型板ガラス			○		○	○								○				○	
熱線反射ガラス	○			○	○									○				○	
熱線吸収板ガラス	○			○	○					○				○					
複層ガラス					○									○			○	○	○
網入（繊維入）板ガラス	○		○	○	○		○	○	○					○		○			
強化ガラス					○		○	○	○	○	○	○		○	○				
合わせガラス					○		○	○	○	○	○	○		○	○			○	
プロフィリットガラス	○				○									○				○	
ガラスブロック（中空）	○				○		○							○			○	○	○

(JIS R 3202 ほか)

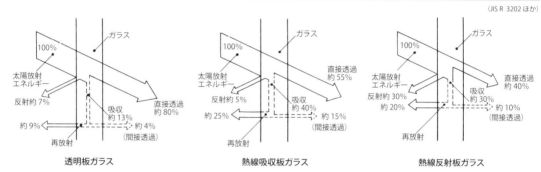

透明板ガラス　　　　熱線吸収板ガラス　　　　熱線反射板ガラス

8. タイル・レンガの伝統的積み方・張り方

石やレンガを組み積む時、目地が通るとそこから亀裂が走る。石垣の馬踏目地やレンガ積の目地は、タイル目地にも引き継がれている。明治初期、鉄道関係にイギリス積、陸軍関係にフランス積が、指導した外国人により採用されたという。古来、レンガ寸法は多様であるが、短辺は約100mmで人の手で握りやすい幅であり、長辺約200mmは建物の壁厚の基準となっている。レンガの表面は、本来、漆喰やトラバーチンなどで化粧した。

アーチは、壁にあけた出入口や窓の上部を弧状に支えるもので、水平部材（まぐさ）で支えるよりも合理的である。ローマ時代に発展した半円アーチ、ゴシック建築の尖頭アーチなどは、デザイン史を見る時の基礎知識である。

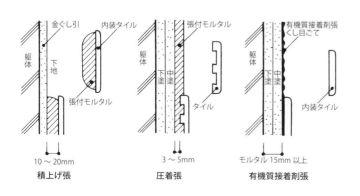

積上げ張　　　　圧着張　　　　有機質接着剤張

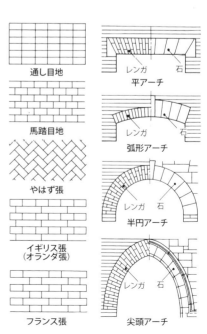

通し目地　　平アーチ

馬踏目地　　弧形アーチ

やはず張　　半円アーチ

イギリス張（オランダ張）

フランス張　　尖頭アーチ

5章　付録：室内環境の計画

1. 昼光率の計算

昼光率（D）＝受照点の水平面照度（E_p）／全天空照度（E_s）であり、窓の幅 b(m)、高さ h(m)、側窓から受照点までの距離 d(m) とすると、図2 から求められる。

例題

図1のモデルプランの居室①：6畳の側窓（幅1.8m×高さ1.4m）において、窓からの距離が d=1.35m である A 点（室中央の床面）における昼光率（%）を求めよ。

解答

室中央の床面における立体角投射率（昼光率）は $U = 2 \times (U_1 - U_2)$ で求められる。

$U_1 : b/d = 0.9/1.35 = 0.67, h_1/d = 1.8/1.35 = 1.33$ (1)

$U_2 : b/d = 0.9/1.35 = 0.67, h_2/d = 0.4/1.35 = 0.30$ (2)

図2より U_1、U_2 は5.5、0.7%と読み取れる。

したがって、$U = 2 \times (U_1 - U_2) = 2 \times (5.5 - 0.7) = 9.6(\%)$ (3)

答え　9.6%

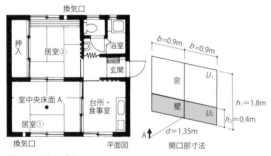

図1　モデルプラン

2. 換気回数

建築基準法のシックハウス対策に対応した必要換気量 V_r（m³/h）は以下の(4)式により求められる。

$V_r = nAh$（m³/h） (4)

n：換気回数（回/h）
A：居室の床面積（m²）
h：居室の天井高（m）

例題

延べ面積38.3m²、天井高2.5mの集合住宅（図1 モデルプラン）において、24時間換気はトイレから排気し、浴室は第3種機械換気とする。この時、換気回数を0.5回/hとして必要換気量を求めよ。換気経路から浴室（2.4 m²）と収納（2.4 m²）は除く。

解答

室容積＝$(38.3 - 2.4 \times 2) \times 2.5 = 83.8$ m³ (5)

したがって、必要換気量＝$0.5 \times 83.8 = 41.9$ m³/h (6)

答え　41.9m³/h

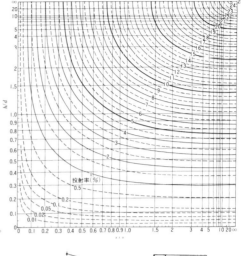

図2　昼光率と算定図表 [1]

3. 熱貫流率

室内と室外との気温差が1℃（1K　ケルビン）の時、1秒間に面積1m²を流れる熱量(W)を熱貫流率という。この値が小さいほど断熱性は高い。

表1　熱貫流率の値（W/m²・K）[2]

	構造・材料	厚さ（mm）	熱貫流率
外壁	コンクリート	150	3.49
	モルタル	20	計0.78
	コンクリート	150	
	断熱材	40	
	ベニヤ板	6	
	クロス	1	
屋根・天井	防水モルタル	15	計3.52
	コンクリート	120	
	モルタル	12	
	漆喰	3	
	防水モルタル	15	計2.08
	コンクリート	120	
	空気層	200	
	テックス天井	12	
床	畳	60	計0.87
	床板	18	
	空気層	60	
	コンクリート	120	

4. 温熱環境の指標

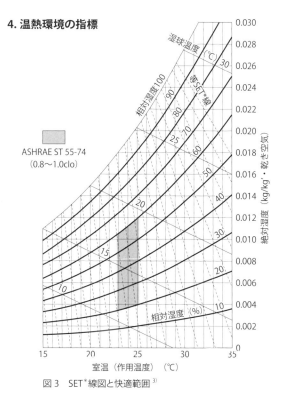

ASHRAE ST 55-74
（0.8〜1.0clo）

図3　SET*線図と快適範囲[3]

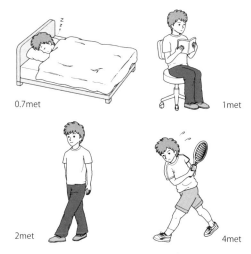

図4　活動状態と代謝量[4]

標準新有効温度 SET* は相対湿度 50%、気流 0.1m/s（無風）、着衣量 0.6clo（軽装）、代謝量 1Met（軽作業）のときの仮想気温である。図3 はアメリカの ASHRAE の快適線図であり、等 SET* 線を点線で、着衣量 0.8 〜 1.0clo の場合の快適範囲を斜線で示している。

5. 音環境

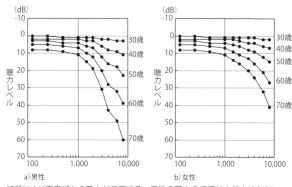

a）男性　　　　b）女性

加齢により高音域から聴力が低下する。男性の聴力の低下は女性より大きい。この理由として、個人の遺伝的要因、職業や生活環境などの環境要因が考えられる。

図5　年代別聴力レベル（20歳代基準、中央値）（ISO 7029：2000）

表2　各種構造の音響透過損失[5]　　　　　　　　　　　　　　　　（dB）

構造	厚さ (mm)	面密度 (kg/㎡)	125	250	500	1000	2000	4000	平均
ラワン合板	6	3.0	11	13	16	21	25	23	18.2
ラワン合板	12	8.0	18	20	24	24	25	30	23.5
石膏ボード	9	8.1	12	14	21	28	35	39	24.8
石膏ボード	12	10.8	18	17	22	29	35	35	26.3
コンクリート（100 mm）＋空気層（19 mm）＋石膏プラスター板（26 mm）	146		51	55	59	57	53	—	55.0
発泡コンクリート	100	70	29	37	38	42	51	55	42.0
発泡コンクリート両面プラスター塗	100		34	34	41	49	56	61	46.2
合板（6 mm）＋空気層（10 cm）＋合板（6 mm）	112	10.28	11	20	29	38	45	42	30.8
石膏ボード（9 mm）＋空気層（10 cm）＋合板（3 mm）	110	8.0	11	20	27	37	45	48	31.3
石膏ボード（9 mm）＋ガラスせんい（45 mm）＋石膏ボード（9 mm）	59	15	22	22	28	42	56	60	38.3

値の大きいものほど遮音性能がよい。これらの壁で2室の間を仕切った場合、透過してくる音のレベルは、騒音の周波数分布によって異なる。

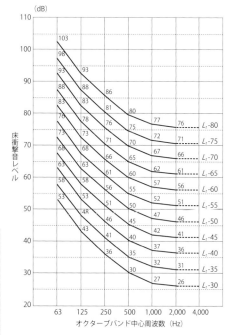

遮音等級は、下の階で測定された 63 〜 4,000Hz ごとの音圧レベルを等級曲線にプロットし、すべての周波数帯域において、ある基準曲線を下回る時、その最小の基準曲線の値で表す。床衝撃音レベル L_r は小さいほど性能がよい。

図6　床衝撃音遮断性能の周波数特性と等級（等級曲線）
（JIS A 1419-2：2000）

6章　付録：各部寸法の計画

人体寸法の平均値に適合する寸法については、平面での採用寸法は最小値、高さは標準値である。これにゆとり寸法を加えるとさらに豊かになる。

1. キッチンの計画

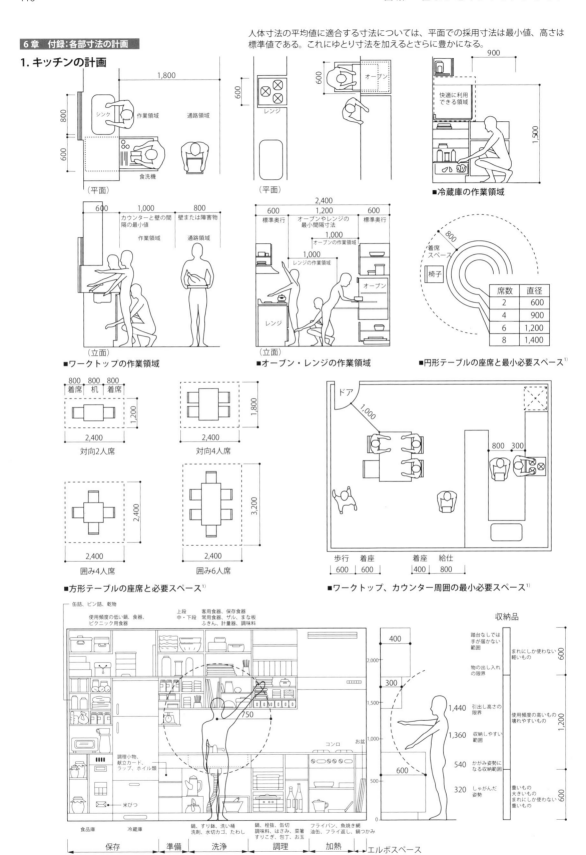

■ワークトップの作業領域

■オーブン・レンジの作業領域

■円形テーブルの座席と最小必要スペース[1]

席数	直径
2	600
4	900
6	1,200
8	1,400

■冷蔵庫の作業領域

■方形テーブルの座席と必要スペース[1]

■ワークトップ、カウンター周囲の最小必要スペース[1]

■身体寸法と収納位置の関係（身長160cmの場合）[2]

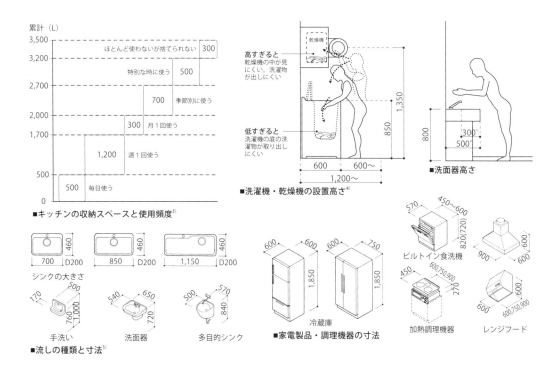

累計（L）

- ほとんど使わないが捨てられない　300
- 特別な時に使う　500
- 700　季節別に使う
- 300　月1回使う
- 1,200　週1回使う
- 500　毎日使う

■キッチンの収納スペースと使用頻度[3]

■洗濯機・乾燥機の設置高さ[4]

高すぎると
乾燥機の中が見にくい。洗濯物が出しにくい

低すぎると
洗濯機の底の洗濯物が取り出しにくい

■洗面器高さ

シンクの大きさ

手洗い　　洗面器　　多目的シンク

■流しの種類と寸法[5]

ビルトイン食洗機

冷蔵庫

■家電製品・調理機器の寸法

加熱調理機器　　レンジフード

2. バス・トイレの計画

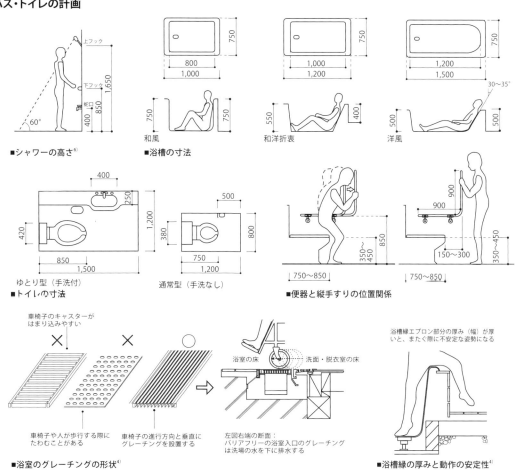

■シャワーの高さ[6]

和風　　和洋折衷　　洋風

■浴槽の寸法

ゆとり型（手洗付）　　通常型（手洗なし）

■トイレの寸法

■便器と縦手すりの位置関係

車椅子のキャスターがはまり込みやすい

車椅子や人が歩行する際にたわむことがある

車椅子の進行方向と垂直にグレーチングを設置する

■浴室のグレーチングの形状[4]

浴室の床　　洗面・脱衣室の床

左図右端の断面：
バリアフリーの浴室入口のグレーチングは洗場の水を下に排水する

浴槽縁エプロン部分の厚み（幅）が厚いと、またぐ際に不安定な姿勢になる

■浴槽縁の厚みと動作の安定性[4]

3. 車椅子に係わる寸法

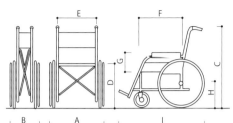

部位	寸法（中型）
A:全幅	600
B:折たたみ幅	320
C:全高	980
D:座面高	420
E:座幅	380
F:奥行	420
G:座から肘	250
H:車輪	200
I:全長	1,020

■車椅子の各部寸法

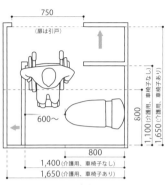

■車椅子用トイレの寸法

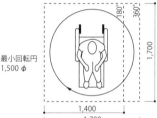
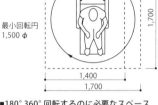

最小回転円
1,500 φ

■180°、360°回転するのに必要なスペース

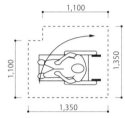

■90°回転するのに必要なスペース

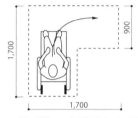

■900幅の通路で90°回転するのに必要なスペース

■洗濯機の設置[3]

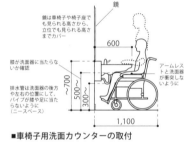

■車椅子用洗面カウンターの取付

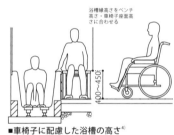

■車椅子に配慮した浴槽の高さ[4]

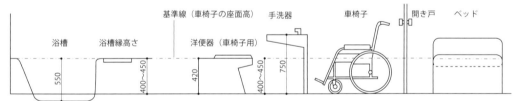

■車椅子の生活に合わせた高さの一覧[5]

4. 手すりの計画

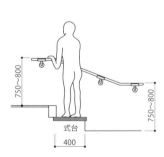

■手すりの高さ寸法（室内）[4]

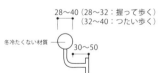

■握って使用する寸法

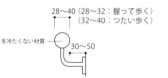

■落下防止の手すり（ベランダ）

■手すり子の間隔

5. 階段の計画

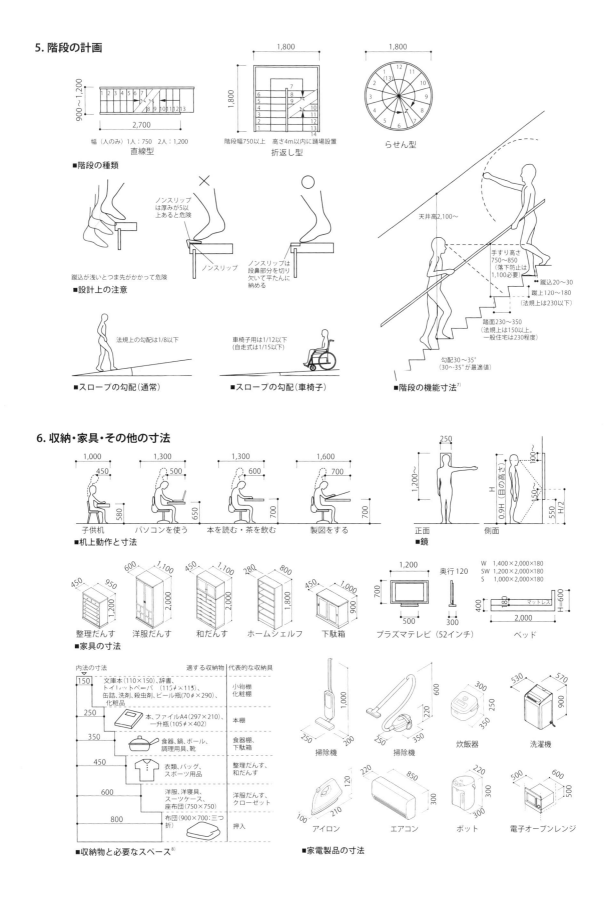

幅（人のみ）　1人：750　2人：1,200
直線型

階段幅750以上　高さ4m以内に踊場設置
折返し型

らせん型

■階段の種類

ノンスリップ
は厚みが5以
上あると危険

ノンスリップ

蹴込が浅いとつま先がかかって危険

ノンスリップは
段鼻部分を切り
欠いて平たんに
納める

■設計上の注意

天井高2,100～

手すり高さ
750～850
（落下防止は
1,100必要）

蹴込20～30
蹴上120～180
（法規上は230以下）

踏面230～350
（法規上は150以上。
一般住宅は230程度）

勾配30～35°
（30～35°が最適値）

法規上の勾配は1/8以下

■スロープの勾配（通常）

車椅子用は1/12以下
（自走式は1/15以下）

■スロープの勾配（車椅子）

■階段の機能寸法[7]

6. 収納・家具・その他の寸法

子供机　　パソコンを使う　　本を読む・茶を飲む　　製図をする

■机上動作と寸法

正面　　側面
■鏡

整理だんす　　洋服だんす　　和だんす　　ホームシェルフ　　下駄箱　　プラズマテレビ（52インチ）　　ベッド

W　1,400×2,000×180
SW　1,200×2,000×180
S　1,000×2,000×180

■家具の寸法

内法の寸法		適する収納物	代表的な収納具
150	文庫本（110×150）、辞書、トイレットペーパ（115φ×115）、缶詰、洗剤、殺虫剤、ビール瓶（70φ×290）、化粧品		小物棚化粧棚
250	本、ファイルA4（297×210）、一升瓶（105φ×402）		本棚
350	食器、鍋、ボール、調理用具、靴		食器棚、下駄箱
450	衣類、バッグ、スポーツ用品		整理だんす、和だんす
600	洋服、洋寝具、スーツケース、座布団（750×750）		洋服だんす、クローゼット
800	布団（900×700：三つ折）		押入

■収納物と必要なスペース[8]

掃除機　　掃除機　　炊飯器　　洗濯機

アイロン　　エアコン　　ポット　　電子オーブンレンジ

■家電製品の寸法

7章　付録：家具スタイルの年表

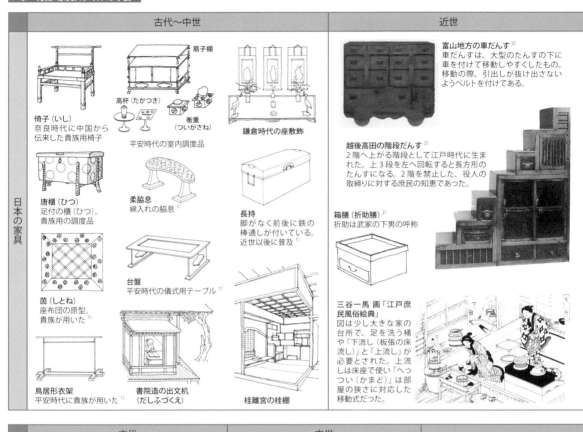

古代～中世	近世

日本の家具

倚子（いし）
奈良時代に中国から伝来した貴族用椅子

高杯（たかつき）
衡重（ついがさね）
平安時代の室内調度品

扇子棚

鎌倉時代の座敷飾

唐櫃（ひつ）
足付の櫃（ひつ）。貴族用の調度品。

柔脇息
綿入れの脇息[1]

長持
脚がなく前後に鉄の棒通しが付いている。近世以後に普及[1]

茵（しとね）
座布団の原型。貴族が用いた[1]

台盤
平安時代の儀式用テーブル[1]

鳥居形衣架
平安時代に貴族が用いた[1]

書院造の出文机（だしふづくえ）

桂離宮の桂棚

富山地方の車だんす[2]
車だんすは、大型のたんすの下に車を付けて移動しやすくしたもの。移動の際、引出しが抜け出さないようベルトを付けてある。

越後高田の階段だんす[2]
2階へ上がる階段として江戸時代に生まれた。上3段を左へ回転すると長方形のたんすになる。2階を禁止した、役人の取締りに対する庶民の知恵であった。

箱膳（折助膳）[2]
折助は武家の下男の呼称

三谷一馬 画「江戸庶民風俗絵典」
図は少し大きな家の台所で、足を洗う桶や「下流し（板張の床流し）」と「上流し」が必要とされた。上流しは床座で使い「へっつい（かまど）」は部屋の狭さに対応した移動式だった。

古代	中世	

ヨーロッパの家具

古代エジプトの家具

白塗の木製スツール
（新王国第18王朝）

折たたみベッド
（新王国第18王朝）

古代ギリシャの家具

クリスモス
婦人用の小椅子

クリーネとトラベラ
寝椅子と3脚式食卓

古代ローマの家具

スフィンクスを配したソリウム
（A.D.100～200年頃）

レクタス
寝椅子

ビサンチンの家具

セント・ピーターの椅子
（1100～1200年頃）

マクシミリアン大司教の椅子
（550年頃）

ロマネスクの家具

机と椅子（1200年頃）

チェスト（12世紀頃）
内部に衣類、書物、財宝を収納し、ベンチやベッドとしても用いた。

ゴシック家具

板材による椅子
下部を櫃（ひつ）としている

アルモアール（1400年頃）
ワードローブの原型

ルネサンスの家具

3本脚の椅子
（イタリア）

ロンバルティチェア
（イタリア）

バロックの家具

イタリアンバロックの肘掛椅子
（17世紀後半）

キャビネット
（フランス）

セダンチェア[8]
（17世紀初期）
貴婦人の外出用具当時流行した腰の張った装は座るのに大変で、さらに、長い羽飾の付いた帽は天蓋（てんがい）を開けて乗らねばならず、優雅とは裏腹にひと苦労したフランスからイタリア、ギリスに伝わった。

近代（明治）

唐木の飾棚 3)
唐木は、コクタン、シタン、カリンなどの堅木を用い、中国伝来の工作法でつくるもので、明治末期には、飾棚、座卓、たばこ盆、硯（すずり）箱などさまざまな家具・生活用品がつくられた。

長火鉢と助炭（すけたん） 4)
一般の家庭で最も広く使われたのが茶の間の長火鉢である。長火鉢には炭を入れ、「五徳」に鉄瓶をのせ「銅壺（どうこ）」で湯を沸かした。夜間は図のような助炭をかぶせて湯の保温を計り、おき火を残すようにした。

諸工職業競「テーブル・椅子製造」（1879 年）6)

明治後期、東京の桐だんすと針箱・鏡台 5)
（お歯黒の道具、キセル用灰皿なども見える）
明治に入り、従来は蔵の中で使用されてきたたんすが座敷で使用されるようになり、一般家庭に広く普及する。明るい色調の桐だんすは火事にも強いことが評価されて、座敷用として使用された。

ロココ風　ヴィクトリア風　シェラトン風　和洋折衷

明治後期に輸入・製作された洋家具 7)
洋家具の住宅への導入は、一部の富裕層や学者・高級官僚の住宅に設けられた応接間から始まった。畳の部屋に椅子を置く事例も見られ、和洋混在が始まった。

近代（大正～昭和）

茶だんすとちゃぶ台
従来わが国では、それぞれ膳で身分に応じた場所で食事をしてきたが、ちゃぶ台が登場して、家族全員が一つの卓を囲む食事が始まった。

形而（けいじ）工房の椅子（1934 年）
1928 年、新しい生活工芸を目指して、蔵田周忠、豊口克平らが「形而工房」を組織した。椅子座の本格的導入は、第二次世界大戦後の、住宅公団 2DK の家具から始まった。

近世

ウィリアムアンドメアリー様式

オランダ人デザイナーによるキャビネット（17 世紀末、イギリス）

ダムウェイター 8)（18 世紀）
パーティでの会話を給仕に立聞きされるのを恐れた貴族たちが、給仕抜きのパーティ用に考察した「もの言わぬ給仕」

ネオクラシックの家具

コモド（18 ～ 19 世紀、フランス）

ウィンザーチェア（18 世紀、イギリス）

ロバート・アダム（18 世紀、イギリス）

ロココの家具

コモド　サロン用のたんす（1730 年代～、フランス）

アンピールの家具

マホガニーの椅子（左）とボタン締の椅子（右）（19 世紀前半、19 世紀中頃、フランス）

アーリーアメリカン
ブリュスターチェア（17 世紀前半、マサチューセッツ）

バタフライテーブル（18 世紀前半、ニューイングランド）

ローボーイ（18 世紀初頭、マサチューセッツ）

シノワズリー

中国趣味の天蓋付ベッド（18 世紀後半、イギリス）トーマス・チッペンデール

近代

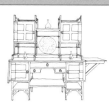

E.W.Goodwin の飾棚と椅子（19 世紀末、イギリス）
日本の影響を受けており、棚のパネルに和紙を用いている。

Eugene Caillard の飾棚と小椅子（19 世紀末、フランス）

椅子（1900 年、フランス、Louis Maiprelle）

シャルパンティエの書見台（1901 年、フランス）

1. 住宅設備とエネルギーの未来

暖冷房・換気・給湯や照明には、石油や都市ガス、電力等が欠かせないが、これらは二酸化炭素放出による**地球温暖化**をもたらすため、気候変動枠組条約の締約国会議**COP**（197カ国・地域）は、**2050年までの脱炭素**を目指している。**化石エネルギー**（石炭・石油・天燃ガス）や原子力エネルギーを**再生可能エネルギー**（風力・水力・太陽光）に置き換える**グリーンエネルギー化**のほか、水素利用を基盤とした**水素社会**の可能性が検討されている。水素の生産には水の電気分解や褐炭から抽出等の方法があり、貯蔵には**水素ダム**が模索され、利用には都市ガス同様に**燃料**とする、**燃料電池**、常温核融合での発電等が有望と見られている。

図1　電気設備表示記号の使用例（インテリア製図通則による）

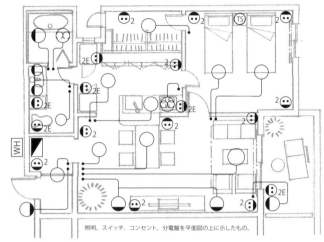

照明、スイッチ、コンセント、分電盤を平面図の上に示したもの。

2. 設備表示記号

表1　電気通信設備記号

	[照明器具]	●L	パイロットランプ付スイッチ	T	テレビアンテナ端子
○	天井灯（白熱灯・HID灯）	∕●	調光器付スイッチ		[機器図記号・他]
⊖	ペンダント（引掛シーリング）	●R	リモコンスイッチ	⊗	換気扇
CL	シーリングライト	⊙	床付用コンセント	RC	ルームエアコン
CH	シャンデリア	B₂	壁付2口コンセント	H₁kW	電熱器（1kWの場合）
◎ DL	ダウンライト	Bᴇ	壁付アース付コンセント	M	電動機
◐	ブラケット（壁付灯）	Bᴇʟ	漏電ブレーカ付コンセント	⊠	配電盤
▭	蛍光灯	Bᵂᴾ	防水形コンセント	◺	分電盤
▭	ブラケット（蛍光灯・横付）		[信号・通信設備]	Wh Wh	電力量計
◖▭	ブラケット（蛍光灯・縦付）	♩	チャイム		[一般配線]
	[スイッチ・コンセント]	◉	押ボタン	——	天井隠ぺい配線
●	スイッチ一般	ⓣ	加入電話機	---	床下配線
●₃	3路スイッチ （2路以上は極数を傍記する）	Ⓣ	内線電話機	------	露出配線
●ᴾ	プルスイッチ	◉	電話用アウトレット	—┼	接続点（丸印）

表2　給排水ガス設備記号

	[給水給湯]	⊕	掃除口	⋈	レバーコック
◯	給水栓	⊠	雨水ます		[配管]
●	給湯栓	▢	汚水・雑排水ます	—·—	給水管
◑	混合栓	▦	格子ます	—ǀ—	給湯管
⅄	シャワー	▢	公設ます	——	排水管
▢	ボックス散水栓		[ガス]	-----	通気管
⋈	止水栓（バルブ）一般	◯+	1口ガスコック	—G—	ガス管
	[排水]	◯ˣ	2口ガスコック	M	給水メーター
◍	床排水口	▢+	埋込ボックスコック	GM	ガスメーター

3. 照明設備
白熱ランプ・蛍光ランプは生産を縮小しているが、光源・器具の特徴を LED で再現したものが一部流通している。

表3　各種ランプの比較表（消費電力 100W を基本としたが、蛍光ランプは 40W）　　　　　　[ ]内 LED 代替品の数値例

	白熱ランプ	ハロゲンランプ	蛍光ランプ	水銀ランプ	メタルハライドランプ	高圧ナトリウムランプ
発光原理	温度放射		低圧放電	高圧放電（HID）		
消費電力（W）	100 [14.3]	100 [10.0]	40 [16.0]	100	100	110
全光束（lm）	1,500 [1,520]	1,600 [900]	3,000 [2,500]	4,200	11,500	11,000
効率（lm/W）	15.0 [106]	16.0 [90]	75 [140]	42.0	115.0	100.0
寿命（h）	1,000 [40,000]	1,500 [40,000]	12,000 [40,000]	12,000	12,000	24,000
コスト（設備費）	安い	比較的高い	比較的安い	やや高い		やや高い
（維持費）	比較的高い	比較的高い	安い	比較的安い		安い
用途	住宅・商店・事務所	住宅・商店	住宅・商店・事務所・工場	高天井工場・商店街・街路	高天井工場・商店街・体育館	高天井工場・道路
その他	高輝度　表面温度が高い	白熱ランプよりも高効率・長寿命	周囲温度により効率が変化する	点灯後の光束安定に時間を要する		白色光源中、効率最高
特徴	高演色性（電球色）	高演色性	高効率（昼光色）	演色性が悪い	高効率、高演色性	点灯方向が任意

図2　主なランプの形状

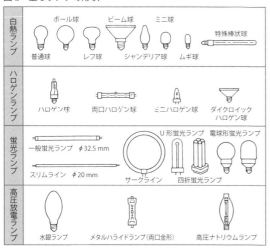

図3　直射水平面照度と配光曲線

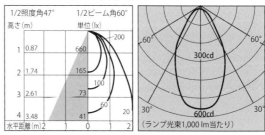

照度分布図（左）：右の太線は水平面照度が 200、100、60 lx の位置で、左の三角形内は光源直下の照度の 1/2 以上となる範囲である。
配光曲線（右）：光源から各方向に放射される光の強さを光度（cd）で示し、その方向から見たまぶしさ（グレア）の目安となる。

図4　直射水平面照度図の見方

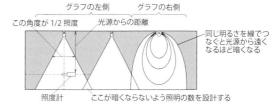

表4　部屋の広さとワット数の目安

	部屋の広さ（畳）	4.5	6	8	10
蛍光ランプ*	シャンデリア	20W×3	30W×3	30W×4	30W×5
	吊下げ型	30W×2	32W+30W	40W+32W	40W+32W+30W
	直付型	20W×3	20W×3	20W×3	40W×3
白熱ランプ	シャンデリア	60W×4	60W×4	60W×5	60W×6
	ペンダント	100W×1	60W×3	100W×3	100W×4

＊平均照度 50〜100 lx
＊インバーター方式の蛍光ランプはより明るくなる。

4. 給湯設備機器

図5　ガス給湯器の号数
（冬場水温 5℃→ 43℃の場合）

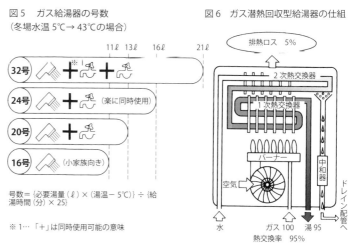

32号
24号　（楽に同時使用）
20号
16号　（小家族向き）

号数＝ {必要湯量（ℓ）×（湯温−5℃）}÷{給湯時間（分）×25}

※ 1…「＋」は同時使用可能の意味

図6　ガス潜熱回収型給湯器の仕組

排熱ロス　5%
2 次熱交換器
1 次熱交換器
バーナー
空気
中和器
ドレイン配管へ
水　ガス 100　湯 95
熱交換率　95%

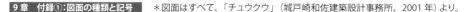

9章　付録①：図面の種類と記号

＊図面はすべて、「チュウクウ」（城戸崎和佐建築設計事務所、2001年）より。

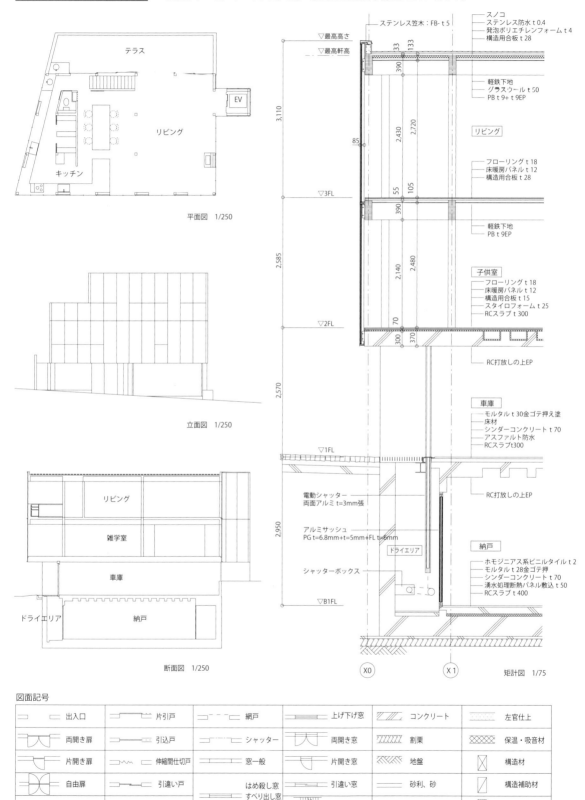

平面図　1/250

立面図　1/250

断面図　1/250

矩計図　1/75

| ステンレス笠木：FB- t 5 |
| スノコ |
| ステンレス防水 t 0.4 |
| 発泡ポリエチレンフォーム t 4 |
| 構造用合板 t 28 |
| 軽鉄下地 |
| グラスウール t 50 |
| PB t 9＋t 9EP |
| リビング |
| フローリング t 18 |
| 床暖房パネル t 12 |
| 構造用合板 t 28 |
| 軽鉄下地 |
| PB t 9EP |
| 子供室 |
| フローリング t 18 |
| 床暖房パネル t 12 |
| 構造用合板 t 15 |
| スタイロフォーム t 25 |
| RCスラブ t 300 |
| RC打放しの上EP |
| 車庫 |
| モルタル t 30金ゴテ押え塗 |
| 床材 |
| シンダーコンクリート t 70 |
| アスファルト防水 |
| RCスラブt300 |
| RC打放しの上EP |
| 電動シャッター 両面アルミ t＝3mm張 |
| アルミサッシ PG t＝6.8mm＋t＝5mm＋FL t＝6mm |
| ドライエリア |
| シャッターボックス |
| 納戸 |
| ホモジニアス系ビニルタイル t 2 |
| モルタル t 28金ゴテ押 |
| シンダーコンクリート t 70 |
| 湧水処理断熱パネル敷込 t 50 |
| RCスラブ t 400 |

図面記号

	出入口		片引戸		網戸		上げ下げ窓		コンクリート		左官仕上
	両開き扉		引込戸		シャッター		両開き窓		割栗		保温・吸音材
	片開き扉		伸縮間仕切戸		窓一般		片開き窓		地盤		構造材
	自由扉		引違い戸		はめ殺し窓 すべり出し窓 突出窓		引違い窓		砂利、砂		構造補助材
	折畳み戸		雨戸				階段(上り表示)		石材、擬石		化粧材

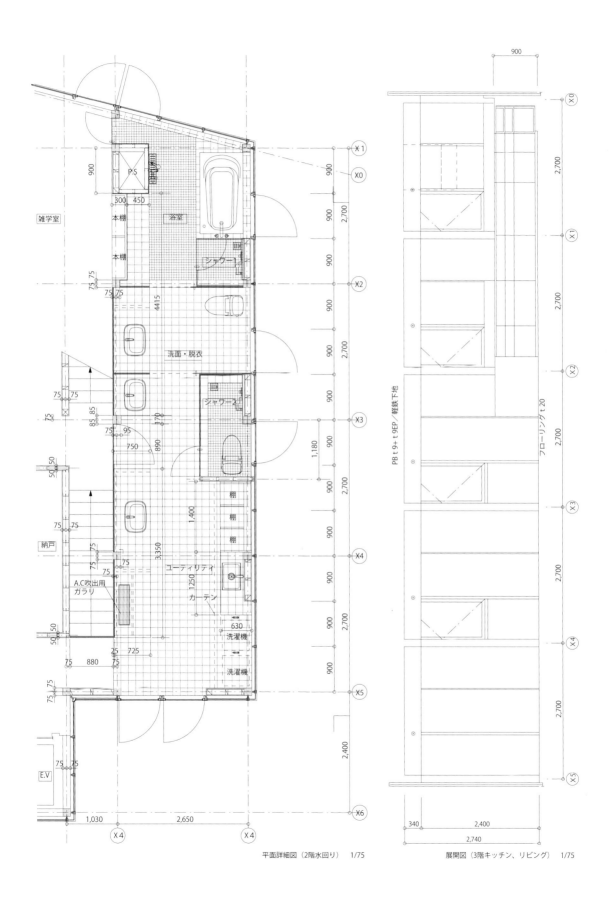

平面詳細図（2階水回り）　1/75

展開図（3階キッチン、リビング）　1/75

1. 用具

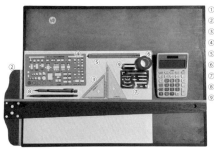

①製図版
②T定規
③三角定規
④テンプレート
⑤三角スケール
⑥接着テープ
⑦字消板
⑧シャープペンシル
⑨消しゴム

2. 用紙

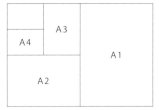

A3
A4
A1
A2

用紙　トレーシングペーパーやケント紙など
サイズ　横長：A1　A2　A3　縦長：A4

3. 線　線種と太さ

実線	太	▬▬	外形線　見える部分　断面線
	中	▬	外形線　家具設備等
	細	──	稜線　寸法線・寸法補助線・引出線・ハッチング
破線	細	-----	隠れた外形線
一点鎖線	中・細	─ ─ ─	中：カーテン等外形線 細：切断線・中心線・基準線
二点鎖線		----	想像線　可動部分

4. 文字　種類とサイズ

ABCD BCDE CDEF DEFG

20 14 10 7 1/50 1/100

（数字は文字サイズを表す：ポイント）

建築製図　配置図　平面図　立面図　断面図　天井状図
インテリア　デザイン　コーディネート　エレメント
アイウエオカキクケコサシスセソタチツテトナニヌネノハヒ
ABCDEFGHIJKLMNOPQRSTUVWXYZ GL FL CH W×D×H
abcdefghijklmnopqrstuvwxyz0123456789 m mm²

5. 平面図の描き方

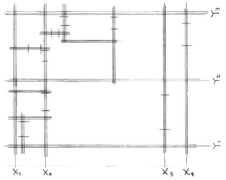

① 位置想定：通り芯、駆体、開口部：実線（極細線）

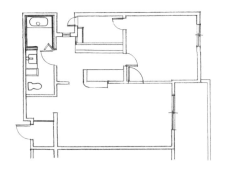

② 駆体（壁・開口部）：実線（中線）インテリア面：実線（太線）

③（上図）　開口部・設備：実線（中線）
　　　　　　インテリアエレメント：実線（中線）
④（右図）　寸法線・寸法補助線：実線（細線）
　　　　　　文字（室名、家具名、寸法値）

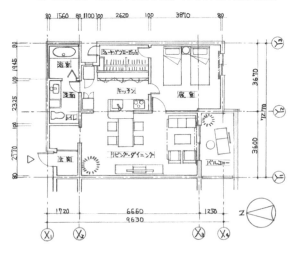

9章　付録③：透視図の種類と描き方

アクソノメトリック

平面の直角をキープしたまま60°/30°に傾けておく。各辺の長さは、ある縮尺での実際の寸法。垂直方向に高さをとる。

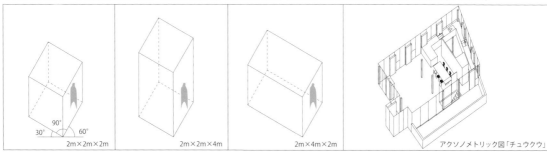

2m×2m×2m　　2m×2m×4m　　2m×4m×2m　　アクソノメトリック図「チュウクウ」

アイソメトリック

平面の直角を120°に変形して30°/30°に傾けておく。各辺の長さは、ある縮尺での実際の寸法。垂直方向に高さをとる。

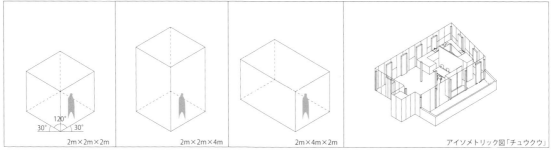

2m×2m×2m　　2m×2m×4m　　2m×4m×2m　　アイソメトリック図「チュウクウ」

一点透視図

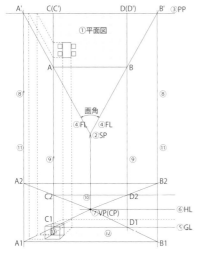

一点透視図法作図法

① 平面図を見る側を下に向け水平に置く。

② 描きたい範囲が画角60°以内に入るように任意にSPを決める。

③ 画面PPの位置を決めて水平線を描く。

④ SPとA、B、C、Dの各点を結ぶ線FLを描く。

⑤ 任意の位置にGL線を水平に描く。

⑥ 見たい目の高さを決め、GLから目の高さを測りHLを描く。

⑦ このHLとSPを通る垂直線の交点がVP（消点）になる。

⑧ ③、④で描いたPPとFLの交点A'、B'、C'、D'を通る垂直線を描く。

⑨ C、Dを通る垂直線と立面図から移行した点との交点C2、D2が透視図上の天井高の点になる。

⑩ 四角形C1D1C2D2が正面奥の壁になる。

⑪ ⑩で決めた点C1、D1、C2、D2とCPを通る各々の線を描き、⑧で求めた点A'、B'を通る垂直線の交点をA1、A2、B1、B2とする。

⑫ 四角形A1B1A2B2が求める透視図の画面になる。

⑬ 建具、家具なども同様に描き込み完成させる。

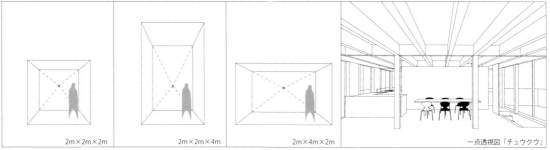

2m×2m×2m　　2m×2m×4m　　2m×4m×2m　　一点透視図「チュウクウ」

9章 付録④：模型をつくる材料と手順

模型をつくる道具

スタイロフォーム
スタイロカッター
スチのり
注射器
ピンセット
スコイヤー
カッター
カッターマット
金尺

模型材料 -1　スチレンボード

1ミリ
2ミリ
5ミリ

模型材料 -2

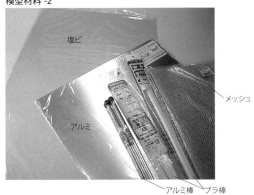

塩ビ
メッシュ
アルミ
アルミ棒　プラ棒

模型をつくる手順 -1

スチレンボードに図面のコピーを張り、カッターと金尺を使って切る。

模型をつくる手順 -2　切り出された模型材料（部材）

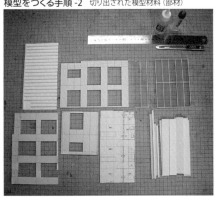

模型をつくる手順 -3

部材を組み立て（仮組み）、接着する。

完成模型 -1　骨組模型「チュウクウ」 1/100

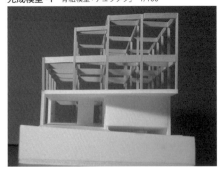

完成模型 -2　プレゼンテーション模型「チュウクウ」 1/50

10章　付録：住まいとインテリアの法規

1. 住宅に関連する法規

○建築基準法、同施行令（1950年）

【居室】（法第2条第4号）　居住、執務、作業、集会、娯楽などの目的のために継続的に使用する室（L、D、K、寝室等）。

【主要構造部】（法第2条第5号）　壁、柱、床、梁、屋根または階段のこと。間仕切壁、間柱 などは含まない。

【床】（令第22条）　1階居室の木造の床は原則として地盤面より450mm以上高くする。

【天井高さ】（令第21条）　平均2,100mm以上は確保。

【採光】（法第28条）　居室には採光のための窓または開口部を設ける。また採光に有効な部分の面積は、居室の床面積に対して、住宅は1/7以上とることなどが決められている。ただし地階の居室など、やむをえない場合を除く。

【換気】（法第28条）　居室には換気のための窓やその他の開口部を設ける。また換気に有効な部分の面積は、居室の床面積に対して、1/20以上とする。ただし、政令で定めた換気設備がある場合を除く。

【シックハウス対策】（法第28条の2、令第20条の5、第1項第2、3号）

・ホルムアルデヒド対策　①内装仕上にホルムアルデヒドを発散する建材を使用する場合は使用面積を制限。JISやJAS規格では、ホルムアルデヒドの発散量に応じて建材の等級を定めており、F☆☆☆☆が最も発散量が少ない。②原則としてすべての建築物に機械換気設備設置を義務付ける。③天井裏などから居室へのホルムアルデヒドの流入を防ぐための措置。

・クロルピリホスの使用禁止

【内装制限】（法第35条の2）　3階建以上の建築物または浴室や台所などの火気使用室などは内装制限があり、壁、天井の仕上を防火材料とする（準不燃材以上）。

壁紙は防火1級・2級などの検定があり、下地も不燃・準不燃・難燃の種類がある。

【階段】

・階段の寸法（令第23条）　幅750mm以上、蹴上230mm以下、踏面150mm以上。

・階段の手すり（令第25条）　少なくとも一方には必ず手すりを設ける。階段および踊場の幅は、手すりの壁からの距離が100mm以内なら、手すりはないものとして算定。階段およびその踊場の両側には側壁またはこれに代わる物が必要。

【建築面積・建ぺい率・容積率】（法第53条、令第2条）

建築面積は柱と外壁の中心線で囲まれた部分を真上から水平に地盤面に投影した面積。庇 など建物から突き出た部分の長

さLが1m以上ある場合には、1m引いた部分を建築面積に算定する。ピロティも含む。

・建ぺい率＝（建築面積／敷地面積）×100（％）

・容積率　＝（延べ面積／敷地面積）×100（％）

延べ面積は建物の各階の床面積の合計の面積。

【高さ制限】（法第55条）　第1種および第2種低層住居専用地域、田園住居地域では、原則として建築物の高さは10mまたは12m以下（地域ごとに都市計画で定められている）。

【斜線制限】（法第56条）

・道路斜線制限：道路幅員に応じて、建築物の高さを制限。

・隣地斜線制限：隣地との距離に応じる建築物の高さを制限。

・北側斜線制限：北側に面した建物の建築物の高さを制限。

表1　北側斜線制限・道路斜線制限・隣地斜線制限

		北側斜線		道路斜線	隣地斜線	
		H_1	勾配	勾配	H_2	勾配
(ア)	第1種・2種低層住居専用・田園住居	5	1.25		制限なし（絶対高さ制限がある）	
(イ)	第1種・2種中高層住居専用	10	1.25	1.25	20	1.25
(ウ)	第1種・2種住居・準住居					
(エ)	近隣商業・商業・準工業・工業・工業専用	制限なし		1.5	31	2.5
(オ)	無指定 [注1]			1.25または1.5	20または31	1.25または2.5

注1：都道府県都市計画審議会の審議を経て数値を決定
注2：上記の表が基準となるが、前面道路の幅員、用途地域、容積率等によっては、さらに細かい基準が設けられている

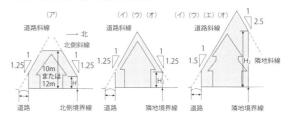

○都市計画法（1968年）

【都市計画】　土地の用途や公共施設の整備などの街づくりに必要な事項を定めている。地形や発展の見通しなどから、一体としてとらえる都市計画区域を定めて計画を作成。

【市街化区域】　現在の市街地またはおおむね10年以内に市街地として整備予定の区域。

【市街化調整区域】　市街化を抑制する区域。原則として建物は建てられない。農業や自然環境の保全・乱開発防止が目的。

【用途地域】　市街地の土地利用を、住居、商業、工業など13種類に分け、都市計画図では色分けし、建てられる建物の種類が決められている。都市計画区域内で用途地域指定のない区域は白地区域という（表3）。

○消防法（1948年）

消防法の「防炎規制」では、防炎性能基準（燃えにくさの基準）を満たしたものを「防炎物品」と呼ぶ。不特定多数の人が出

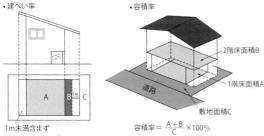

・1m未満含まず

建ぺい率＝$\dfrac{A+B}{C}$×100%

容積率＝$\dfrac{A+B}{C}$×100%

入りする施設、建築物（防炎防火対象物）で使われるカーテン、じゅうたんなどは「防炎物品」の使用が義務付けられており、「防炎」の表示を付けることになっている。

○住宅の品質確保の促進等に関する法律（2000 年）

欠陥住宅の社会問題化、震災などを契機とした住宅の性能に関する関心の高まりを受けて制定された。

【住宅性能表示制度】　統一の基準により、住宅の性能を評価して表示するもの。評価項目は、構造の安定性や省エネルギー性能、耐久性など、新築で 10 分野、既存住宅で 9 分野にわたる。設計段階（図左）、施工段階（図右）で、指定評価機関による検査・評価を受けて「住宅性能評価書」が発行される。

設計住宅性能評価書に付くマーク

建築住宅性能評価書（新築住宅）に付くマーク

表 2　高齢者配慮対策等級（専用部分）のポイント（等級 3）

(1) 部屋の配置
・高齢者の寝室と同一階に便所を配置
(2) 段差の解消
・日常生活空間内の床は段差をなくす（ただし、以下の段差は認める）
① 玄関の出入口（くつずりと玄関外側高低差 20 mm 以下＋くつずりと玄関土間高低差 5 mm 以下）
② 勝手口等の出入口および上がり框の段差
③ 居室の床で一定の条件内のもの、その他の床の 300 mm 以上 450 mm 以下の段差
④ 玄関の上がり框の段差
⑤ 浴室の出入口段差で次のいずれか（a　20 mm 以下の単純段差、b　浴室内外の高低差 120 mm 以下、またぎ高さ 180 mm 以下のまたぎ段差、かつ手すり設置）
⑥ バルコニーの出入口段差（ただし接地床がない場合は一定の条件あり）
・日常生活空間外の床の段差をなくす（ただし、以下の段差は認める）…玄関・勝手口等の出入口、上がり框、バルコニー出入口、浴室出入口、室内やその他の 90 mm 以上の段差
(3) 階段の寸法（形状により適用外もあり。ホームエレベーターがある場合は⑤のみ）
① R（蹴上げ）／T（踏面）≦ 22/21
② 550 mm ≦ T（踏面）＋ 2R（蹴上げ）≦ 650 mm
③ T（踏面）≧ 195 mm 以上　①～③は、回り階段では踏面の狭い方の端から 300 mm の位置の寸法
④ 蹴込み　30 mm 以下
⑤ 建築基準法施行令第 23 条から第 27 条の基準に適合
a　階段と踊り場の幅≧ 75 cm、b　蹴上げ≦ 22 cm、c　踏面≧ 21 cm
(4) 手すりの設置
・階段は少なくとも片側に設置（勾配が 45°を超える場合は両側に設置）
・便所（立ち座りのため）、浴室（浴槽出入りのため）に設置
・玄関（上がり框昇降、靴の着脱のため）、脱衣室は設置または設置準備
・転落防止のための手すり（バルコニー、2 階以上の窓、廊下および階段）
(5) 通路・出入口の幅員
・日常生活空間内の通路幅員≧ 780 mm（柱等の箇所≧ 750 mm 以上）
・日常生活空間内の出入口の幅員≧有効幅員 750 mm、浴室出入口≧有効幅員 600 mm 以上
・玄関・浴室以外は軽微な改造による確保も可
(6) 寝室・便所・浴室
・高齢者等の寝室の面積（内法）≧ 9 ㎡
・便器は腰掛け式
・長辺 1,300 mm 以上（軽微な改造による確保可）または、便器前方または側方に 500 mm 以上（ドアの開閉による確保または軽微な改造による確保可）
・一戸建て住宅は浴室（寸法・面積は内法）短辺 1,300 mm 以上、かつ面積 2.0 ㎡以上
・共同住宅等は浴室（寸法・面積は内法）短辺 1,200 mm 以上、かつ面積 1.8 ㎡以上

【住宅に係わる紛争処理支援体制の整備】　性能評価書の交付を受けた住宅のトラブルについては、裁判以外の専門の紛争処理支援体制を設け、迅速な解決を図る。

【瑕疵担保責任の特例】　すべての新築住宅に基礎や柱、屋根など基本構造部分の 10 年間の保証を義務付け、引渡から 10 年以内に瑕疵が見つかったら無料で修理する制度。

○建築物省エネ法（建築物のエネルギー消費性能の向上に関する法律　2015 年）

建築物の省エネ性能向上を目的として基準や適合義務などを定めた法律。2022 年（令和 4 年）の改正で、カーボンニュートラルの期限 2050 年に向けて、すべての建築物の省エネ基準達成（大規模非住宅）／努力（300 ㎡未満の小規模住宅）が義務化され、ネット・ゼロ・エネルギー・ビル（ZEB）／ハウス（ZEH）を推進することとなった。

新築する建築物は、地域や床面積等の共通条件のもと、実際の設計仕様で算定した設計一次エネルギー消費量が、基本仕様（平成 11 年基準相当の外皮（基礎、床、壁、天井、屋根、開口部等）と標準的な設備）で算定した基準一次エネルギー消費量以下となることを基本とする。

この消費量は、「暖冷房」「換気」「照明」「給湯」「その他」の設備のエネルギー消費量を合計して算出する。また、エネルギー利用効率化設備（太陽光発電やコージェネレーションの設備）による発電量は、エネルギー削減量として差し引くことができる。

　建築主を支援するために、補助金・融資・税の優遇制度ができ、また建築物の販売・賃貸を行う事業者に対しては、エネルギー消費性能の表示が義務付けられた。

○住生活基本法（2006 年）

住生活の安定と向上に関する施策について、基本理念を定め、国、地方自治体、住宅関連事業者の責務を定めている。その実現に向けて、都道府県および国は、従来の住宅建設計画に代わる、住生活基本計画を作成することとされる。中でも、地域の特性や環境に配慮した質のよい住宅の建設や、低所得者や高齢者など住宅困窮者への対策の必要性があげられている。

○高齢者居住法（高齢者の居住の安定確保に関する法律　2001年）

国土交通省と厚生労働省が共同して高齢者の居住の安定確保に関する基本方針を策定。都道府県がそれに基づき高齢者の居住の安定確保に関する計画を策定。サービス付き高齢者向け住宅の登録制度、終身建物賃貸借制度の創設など。

○家電リサイクル法（特定家庭用機器再商品化法　2001 年）

家電製品の有用な資源を再利用して廃棄物を減らすために制定された。消費者は費用の負担や家電の引渡、小売店は引取、家電メーカーは引取やリサイクルを実施する。

○家庭用品品質表示法（1962 年）

事業者に家庭用品の品質の適正表示を要請し、消費者の利益を保護する。対象は、①繊維製品（カーテン、ふとんなど）、②合成樹脂加工品（食事、食卓用具など）、③電気機械器具（冷蔵庫、エアコンなど）、④雑貨工芸品（たんす、机・テーブル、椅子・腰掛・座椅子、住宅用のワックス）など。

2. 商品・製品等の認定制度とマーク

　製品の品質保証、規格化などに関して、さまざまな産業団体などが認定制度やマークを設けている（表4）。

表 3　用途地域と建築できる建物

建物の種別 ＼ 用途地域（○：建築できる ×：原則として建築できない S：延べ床面積）	田園住居地域	第1種低層住居専用地域	第2種低層住居専用地域	第1種中高層住居専用地域	第2種中高層住居専用地域	第1種住居地域	第2種住居地域	準住居地域	近隣商業地域	商業地域	準工業地域	工業地域	工業専用地域
住宅、共同住宅、寄宿舎、下宿、兼用住宅（非住宅部分 50 ㎡以下）	○	○	○	○	○	○	○	○	○	○	○	○	×
S ≦ 150 ㎡の物販店・飲食店（≦ 2 階）	①	×	①	○	○	○	○	○	○	○	○	○	×
150 ㎡＜ S ≦ 500 ㎡の物販店・飲食店（≦ 2 階）	②	×	×	○	○	○	○	○	○	○	○	○	×
上記以外の物販店・飲食店 S ≦ 1,500 ㎡（≦ 2 階）	×	×	×	×	○	○	○	○	○	○	○	○	×
上記以外の物販店・飲食店 S ≦ 3,000 ㎡	×	×	×	×	×	○	○	○	○	○	○	○	×
物販店・飲食店 3,000 ㎡＜ S ≦ 10,000 ㎡	×	×	×	×	×	×	○	○	○	○	○	○	×
一般事務所 S ≦ 1,500 ㎡ (≦ 2 階)	×	×	×	×	○	○	○	○	○	○	○	○	○
上記以外の一般事務所 S ≦ 3,000 ㎡	×	×	×	×	×	○	○	○	○	○	○	○	○
一般事務所 3,000 ㎡＜ S	×	×	×	×	×	×	○	○	○	○	○	○	○
幼稚園、小・中・高校	○	○	○	○	○	○	○	○	○	○	○	×	×
大学、高専、専修学校および類似施設、病院	×	×	×	○	○	○	○	○	○	○	○	×	×

①日用品販売店舗、喫茶店、理髪店、建具屋等のサービス業用店舗のみ　②農作物直売所、農家レストラン等のみ

表 4　商品・製品等の認定制度とマーク

マーク名	ロゴ	説明
G マーク グッドデザイン賞（公益財団法人日本デザイン振興会）		1957 年に当時の通商産業省が創設。1998 年からは民間の日本デザイン振興会主催となる。専門の審査委員会が各領域の優れたデザインを評価して賞を贈っている。対象となる領域は製品、建築、活動など幅広い。
BL マーク 優良住宅部品認定制度（一般財団法人ベターリビング）		1974 年に創設。優良住宅部品認定基準にもとづき、品質・性能・アフターサービスなどが優れた住宅部品を認定してマークを付与。認定された部品は、製品の瑕疵・欠陥に対する保証責任保険と賠償責任保険が付く。
エコマーク （公益財団法人日本環境協会）		1989 年に発足。「生産」から「廃棄」に渡るライフサイクル全体を通して、環境への負荷が少なく、環境の保全に役立つと認定された商品に付けられている。商品ごとに認定基準が設けられ、国際標準化機構の企画に則っている。
省エネ性マーク （経済産業省資源エネルギー庁）	資源エネルギー庁提供	2000 年に JIS 規格として導入された省エネ性能の表示制度。冷蔵庫、テレビ、照明器具、ストーブなど 22 品目（2023 年 3 月現在）。グリーンのマークは国の省エネ基準を達成しており、オレンジ（右）は未達成を表している。
防炎マーク （公益財団法人日本防炎協会）	防 炎／防炎製品　日本防炎協会提供	防炎性能試験に適合した防炎物品（消防法の対象：カーテン、じゅうたん、合板など）に防炎物品ラベル（左図）を貼付などで表示する。 防炎性能試験に適合した防炎製品（消防法の規制以外：寝具、衣服、布製家具、襖紙・障子紙など）に防炎製品ラベル（右図）を貼付などで表示する。
PSE マーク （経済産業省）		電気用品安全法に基づき、電気用品の安全性を示すマーク。このマークを付けて製造、輸入、販売することを義務付けている。PSE=Product Safety Electrical Appliances & Materials の略。左側は「特定電気用品」で、特に危険、または障害の発生するおそれが多い電気用品。直流電源装置、延長コードセットなど。右側は「特定電気用品以外の電気用品」で、一般家庭で使用する冷蔵庫、洗濯機、エアコン、テレビ、リチウムイオン蓄電池など。
ウールマーク （ザ・ウールマーク・カンパニー）	PURE NEW WOOL	1964 年に制定されたウール製品の品質を保証する国際的なマーク。認定検査機関が検査を行い、品質基準を満たしたものにマークが付与される。左のロゴは新毛 100 % に使用される。またアパレル製品やインテリア、ウールのケア製品にもそれぞれのロゴマークが存在する。
カーペット品質マーク （日本カーペット工業組合）		JCMA カーペット品質管理委員会が定める品質管理基準をクリアした商品に与えられる。使用用途・目的に応じて分類するとともに、歩行頻度・場所に応じて客観的な基準により 5 段階の格付を行っている。

（2023 年 3 月現在）

■出典・図版提供者・参考文献リスト

1章

- 白川村産業課商工観光係（6頁上）
- 伊藤要太郎（図1左、中）
- 日本考古学協会編『登呂』毎日新聞社、1949年（図1右）
- 関野克（図2）
- 太田静六（図3下）
- 日本建築学会編『日本建築史図集』彰国社、1980年（図3上左、上右、図12）
- 恒成一訓（図4）
- 上田篤編「高田／雁木」（上田篤・土屋敦夫編『町屋共同研究』鹿島出版会、1975年）（図6）
- 和達清夫監修『気象の事典』東京堂、1964年（図7中央）
- 萱野茂二風谷アイヌ資料館（図7③）、撮影：岡田悟
- 川崎市立日本民家園（図7④、⑤、⑪、図9、11、撮影：畑拓、⑪は撮影：岡田悟）
- 鈴木充著『ブック・オブ・ブックス　日本の美術37　民家』小学館、1975年（図7④下、⑧下）
- 鈴木充（図7⑦）
- 宮澤智士著『INAX ALBUM 14 日本列島民家入門／民家の見方・楽しみ方』INAX出版、1993年（図7⑩）
- 飛騨民俗村（図7⑫）、撮影：岡田悟
- 大河直躬著『イメージ・リーディング叢書　住まいの人類学　日本庶民住居再考』平凡社、1986年（図9下：『重要文化財旧北村家住宅移築修理工事報告書』川崎市、1968年を参考に作図）
- 村沢文雄（図13）
- 和木通（図14）
- 大河直躬著『イメージ・リーディング厳暑　住まいの人類学　日本庶民住居再考』平凡社、1986年（図15：青木正夫他「中流住宅の平面構成に関する研究」による）
- 西山夘三著『日本のすまい（弐）』勁草書房、1976年（図16）
- 日本建築学会編『第2版　コンパクト建築設計資料集成　＜住宅＞』丸善、2006年（図17上）
- 西山夘三著『日本のすまい（参）』勁草書房、1980年（図17下）
- 畑拓（図18）
- 山口廣編『郊外住宅地の系譜　東京の田園ユートピア』鹿島出版会、1987年（図19）
- 藤谷陽悦監修『鎌倉近代史資料集第13集　幻の田園都市から松竹映画都市へ　～大正・昭和の大船町の記憶から～』鎌倉市中央図書館、近代史資料収集室、2005年（図20）
- 江戸東京たてもの園（図21、撮影：畑拓）
- 「建築文化」1964年2月号、彰国社（図22）
- 水沼淑子著「2DKと戦後の住まい」（小沢朝江・水沼淑子著『日本住居史』吉川弘文館、2006年）（図23）
- 国土地理院（図24）

2章

- 川島平七郎（16頁上）
- 伊東豊雄建築設計事務所（図7プラン3）
- 一級建築士事務所・ダンス（図7プラン4）
- 空間研究所（図10）
- NPO法人　コレクティブハウジング社提供（図11）
- 城戸崎和佐建築設計事務所（図12）
- 片山和俊（「住宅建築」2002年4月号より）（図13）

◎参考文献
- 日本家政学会編『日本人の生活』建帛社、1998年

3章

- 畑拓（26頁上）
- 川島平七郎（図2上段左・中、中段左・中）
- 飯村和道（図2上段右、図15写真）
- 畑聰一（図2中段右）
- 窟洞考察団（図2下段左）
- 乾尚彦（図2下段中・右）
- 中村絵（図4）
- 大阪ガス（図6）
- 和木通（図7写真）
- 岩村アトリエ（図8）
- 京都市都市計画局景観部「京の市街地景観　保全・再生・創造――京都市市街地景観整備条例のあらまし」1996年（図9）
- DEN住宅研究所（図15）
- アトリエ・ワン（図16図）、タマホーム（図16写真）
- 彰国社（図17写真）
- 平井広行（図18写真、図22）
- 鹿島建設（図21）
- 伊東豊雄建築設計事務所（図23）
- UR都市機構（図24）
- 畑拓（図25）
- 「ディテール」171号（2007年1月号）、彰国社（図26、27）
- 西沢立衛建築設計事務所（図28、30）
- 城戸崎和佐（図29）

◎参考文献
- 宮脇檀編著『日本の住宅設計』彰国社、1976年

4章

- 川島平七郎（36頁上）
- 川島平七郎監修、プロフェッショナルマニュアル編集委員会編『住宅設備プロフェッショナルマニュアル　第2版』キッチンバス工業会、1992年より作成（図1、2、3、20）
- 日本住宅・木材技術センター監修『簡易構造計算基準』林材新聞社より作成（図4）
- 小宮容一著『図解　インテリア設計の実際』オーム社、1989年より作成（図5）
- 鈴木秀三編、岩下陽一・古本勝則・奥屋和彦・磯野重浩著『図解建築の構造と構法』井上書院、2005年より作成（図6左、9、10）
- ジェフリー・H・ベイカー著、中田節子訳『ル・コルビュジエの建築――その形態分析』鹿島出版会、1991年（図7）
- 積水化学工業（図8：写真、図）
- 川島平七郎・稲田深智子・岡屋武幸・沢田知子・塩谷博子・高田紀久枝・永井邦朋・中村圭介・山田智稔編著『生活文化とインテリア1　暮らしとインテリア』インテリア産業協会、1997年より作成（図12、13、16、17、24）
- 梁瀬度子・中島明子・岩重博文・上野勝代・大森敏江・北浦かほる・長澤由喜子・西村一朗編『住まいの事典』朝倉書店、2004年より作成（図14、15、22、23）

5章

- Alister Black（46頁上）
- インテリア大事典編集委員会編『インテリア大事典』壁装材料協会、1988年より作成（図4）
- 図解住居学編集委員会編『図解住居学5　住まいの環境』彰国社、2002年より作成（図5、表7）

- 加藤信介・土田義郎・大岡龍三著『図説テキスト建築環境工学』彰国社、2004 年より作成（図 8、11）
- 〈建築のテキスト〉編集委員会編『初めての建築環境』学芸出版社、2003 年（図 7、23）
- 環境工学教科書研究会編『環境工学教科書』彰国社、2000 年（図 13）
- 日本建築学会編『建築設計資料集成Ⅰ　環境』丸善、1978 年より作成（図 14）
- 日本建築学会編『建築の省エネルギー計画』彰国社、1981 年（図 16）
- キッチンスペシャリストハンドブック改訂編集委員会編『改訂新版 キッチンスペシャリストハンドブック』インテリア産業協会、2007 年より作成（図 17）
- マンションリフォームのための建築の一般知識作成委員会編『マンションリフォームのための建築の一般知識』住宅リフォーム・紛争処理支援センター、2004 年（表 3、7）
- 国土交通省住宅局パンフレット『快適で健康的な住宅で暮らすために "改正建築基準法に基づくシックハウス対策"』より作成（図 18）
- 空気調和・衛生工学会編『健康に住まう家づくり』オーム社、2004 年（表 6）
- 今井与蔵著『絵とき建築環境工学』オーム社、1998 年（図 19）
- R.H.Reed "Design for Natural Ventilation in Hot Humid Weather" Tex.Eng.Experi.Stat.Reprint 80,1953（図 22）
- 日本建築学会編『建築環境工学用教材　環境編　第 3 版』日本建築学会、1995 年（図 26）

6 章

- 山本秀代（56 頁上、図 2）
- 安藤直見（図 1）
- 古舘克明（図 4 下）
- 小原二郎・加藤力・安藤正雄編『インテリアの計画と設計　第二版』彰国社、2000 年（図 10）
- 日本建築学会『建築設計資料集成 3　単位空間Ⅰ』1980 年、丸善（図 12）
- 小原二郎『インテリアデザイン 2』鹿島出版会、1976 年（図 13）
- 川島平七郎・稲田深智子・岡屋武幸・沢田知子・塩谷博子・高田紀久枝・永井邦朋・中村圭介・山田智稔編著『生活文化とインテリア 1　暮らしとインテリア』インテリア産業協会、1997 年（図 14、16、20）
- オカムラ椅子の科学研究室、小原二郎指導・執筆『椅子の科学 vol.1 からだに合った椅子を選ぶ』オカムラ製作所、2009 年より作成（図 15）
- キッチンスペシャリストハンドブック改訂編集委員会企画『キッチンスペシャリストハンドブック』日本住宅設備システム協会、1999 年（図 17、18、19）

7 章

- 畑拓（66 頁）
- インテリア産業協会『インテリアコーディネーターハンドブック 技術編［改訂版］』2003 年より作成（図 1）
- "FURNITURE" Council of Industrial Design より作成（図 2）
- 『官公庁オフィスインテリア』日本インテリアデザイナー協会より作成（図 4、6、7）
- 小原二郎編『インテリアデザイン 2』鹿島出版会、1976 年より作成（図 9）
- 小原二郎・加藤力・安藤正雄編『インテリアの計画と設計　第二版』彰国社、2000 年（図 12［＊マークのみ]）

- インテリア産業協会『インテリアコーディネーターハンドブック　販売編［改訂版］』2000 年、インテリア産業協会（図 14、15、18［図 18 は＊マークのみ]）
- 川島平七郎・稲田深智子・岡屋武幸・沢田知子・塩谷博子・高田紀久枝・永井邦朋・中村圭介・山田智稔編著『生活文化とインテリア 1　暮らしとインテリア』インテリア産業協会、1997 年（図 19）
- 長山洋子（図 21）

8 章

- 望月真一（76 頁上）
- 「家電月報アルレ」vol.126、家庭電気文化会、2000 年より作成（図 2）
- 「朝日新聞」2006 年 5 月 21 日付朝刊より作成（図 4）

9 章

- Y-GSA（横浜国立大学大学院建築都市スクール）協力（図 1）
- 西沢立衛建築設計事務所（図 3）
- 伊東豊雄建築設計事務所（図 4）
- Frank Gehry "FRANK GEHRY ARCHITECT" Guggenheim Museum Publications, 2001（図 5）
- "Yves Brunier" arc en rêve centre d'architecture, 1996（図 6）
- 「a+u」2006 年 11 月号臨時増刊セシル・バルモンド、エー・アンド・ユー（図 7）
- 倉俣史朗『STAR PIECE　倉俣史朗のイメージスケッチ』TOTO 出版、1991 年（図 8）
- SANAA（図 9）
- 佐藤光彦建築設計事務所（図 10）
- CAt（図 11、26）
- Herzog & de Meuron（図 13）
- 浅川敏（図 14、39）
- Rob't Hart fotografie（図 15）
- Hans Werlemans（図 16）
- 木田勝久（図 17）
- 青木淳建築計画事務所（図 18）
- クラマタデザイン事務所提供、平井広行撮影（図 19）
- 妹島和世建築設計事務所（図 21、25）
- アトリエ・ワン（図 22、36）
- 「SD」1979 年 1 月号、鹿島出版会（図 23）
- 山本秀代（図 27）
- スズキヒサオ（図 28）
- 阿野太一（図 29、31）
- 多木浩二（図 30）
- 古舘克明（図 32）
- ヤマギワ写真提供・照明計画、金子俊男撮影（図 33）
- 新建築写真部（図 34）
- 平賀茂（図 35）
- 藤塚光政（図 37）
- 「SD」1993 年 6 月号、鹿島出版会（図 38）
- 末岡佐江子（図 40）
- 釜渕誠司（図 42）

10 章

- インテリア産業協会『インテリアコーディネーターハンドブック 販売編［改訂版]』インテリア産業協会、2000 年より作成（表 11）

- 『「長期優良住宅の普及の促進に関する法律」の長期優良住宅認定制度の概要について』一般社団法人住宅性能評価・表示協会より作成（図10）

1 章付録

1) 村沢文雄（⑥下）
2) 後藤守一『上野国佐波郡赤掘村今井茶臼山古墳』（帝室博物館学報6）帝室博物館、1933年
3) 太田静六
4) 彰国社
5) 日本建築学会編『日本建築史図集　新訂版』彰国社、1980年
6) 吉田靖
7) 恒成一訓（⑥上）
8) 大河直躬著『イメージ・リーディング叢書　住まいの人類学　日本庶民住居再考』平凡社、1986年（青木正夫他「中流住宅の平面構成に関する研究」より）
9) 『理想の臺所』洪洋社、1918年
10) 内閣府
11) 「建築文化」1993年9月号、彰国社
12) Boethius, A.&J. B. Ward-Perkins, Etruscan and Roman Architecture, 1970
13) 日本建築学会編『近代建築史図集』彰国社、1981年
14) 「建築文化」2001年10月号

3 章付録

1) 「建築文化」2001年10月号、彰国社
2) 安藤直見
3) 山本秀代
4) 川島平七郎
5) Michael Gannon, 2006
6) 青森県教育庁文化財保護課
7) Torvald Faegre "TENTS ─ Architecture of the Nomads" Anchor Books,1979
8) 国立科学博物館
9) 「建築文化」1967年7月号、彰国社
10) 株式会社東京ドーム
11) 作間敬信
12) 河村英和
13) 彰国社
14) 岡田保良
15) Wikimedia Commons
16) U.S.National Oceanic and Atmospheric Administration
17) 窰洞考察団
18) Karol Miles

5 章付録

1) 日本建築学会編『建築設計資料集成 I　環境』丸善、1978年
2) 後藤久監修『基礎シリーズ 最新住居学入門』実教出版、2005年より作成
3) 倉渕隆著『初学者の建築講座 建築環境工学』市ヶ谷出版、2006年より作成
4) 大内孝子著『住まいと環境 住まいのつくりを環境から考える』彰国社、2010年
5) 藤井正一著『住居環境学入門〈第三版〉』彰国社、2002年

6 章付録

作図：外川希

1) キッチンスペシャリストハンドブック改訂編集委員会企画『キッチンスペシャリストハンドブック』日本住宅設備システム協会、1999年より作成
2) 大井絢子作成（アトリエ群）
3) 西田博著『女性のための食品衛生の実際』オーム社、1992年
4) 東京商工会議所編『福祉住環境コーディネーター検定試験　2級公式テキスト』東京商工会議所、2004年より作成
5) 岩井一幸・奥田宗幸著『図解　住まいの寸法・計画事典』彰国社、1992年より作成
6) 川島平七郎・稲田深智子・岡屋武幸・沢田知子・塩谷博子・高田紀久枝・永井邦朋・中村圭介・山田智稔編著『生活文化とインテリア1 暮らしとインテリア』インテリア産業協会、1997年より作成
7) Henry Dreyfuss,Time-Saver Standard より作成
8) 川崎衿子作成（アトリエ群）

7 章付録

1) 小原二郎・加藤力・安藤正雄編『インテリアの計画と設計　第二版』彰国社、1986年
2) 家具の博物館編『和箪笥百選』 家具の博物館、1986年
3) 小泉吉兵衛著『和洋家具製作法並図案』須原屋書店、1913年
4) 泉幸次郎著『和洋家具雛形』下巻 精華堂書店、1901年
5) 平山鑑二郎著『東京風俗志』中巻 冨山房、1900年
6) 細木桂次良（画）、木曽直次郎（出版人）『諸工職業競「テーブル・椅子製造」』
7) 小泉和子、都市・住文編『函館の洋家具「函館市史」』1995年
8) 崎山直・崎山小夜子『西洋家具文化史』雄山閣出版、1975年

■ 著者略歴・執筆担当

● **岡田　悟** (おかださとる)［1 章］
1950 年　静岡県生まれ
1983 年　東北大学大学院工学研究科建築学専攻博士課程後期
　　　　　修了
1995 年　共立女子短期大学生活科学科助教授
2002 年　共立女子短期大学生活科学科教授
2020 年　共立女子短期大学名誉教授
現在に至る
工学博士、一級建築士

● **長山洋子** (ながやまようこ)［2 章］
1952 年　東京都生まれ
1975 年　文化女子大学家政学部生活造形学科インテリアデザ
　　　　　インコース卒業
1993 年　文化女子大学住環境学科助教授
2005 年　文化女子大学造形学部住環境学科教授
2011〜2018 年　文化学園大学建築・インテリア学科教授
2018 年　YOO インテリア研究室代表
現在に至る

● **飯村和道** (いいむらかずみち)［3 章］
1953 年　東京都生まれ
1976 年　日本大学理工学部建築学科卒業
1981 年　伊東豊雄建築設計事務所入所
1989 年　一級建築士事務所・ダンス設立
1998 年　女子美術大学芸術学部デザイン学科助教授
2002 年　女子美術大学芸術学部デザイン学科教授
2019 年　女子美術大学名誉教授
　　　　　女子美術大学大学院非常勤講師
現在に至る
一級建築士

● **川島平七郎** (かわしまへいしちろう)［4 章］
1942 年　神奈川県生まれ
1970 年　東海大学大学院工学系研究科建築学専攻修士課程修
　　　　　了
1971 年　日立化成工業入社
1987 年　東横学園女子短期大学ライフデザイン学科教授
2008 年　東横学園女子短期大学名誉教授
　　　　　居住環境研究所代表
現在に至る
工学修士

● **大内孝子** (おおうちたかこ)［5 章］
1953 年　石川県生まれ
1978 年　武蔵工業大学大学院工学研究科修士課程修了
1997 年　武蔵工業大学大学院工学研究科博士後期課程建築学
　　　　　専攻修了
2006 年　東横学園女子短期大学ライフデザイン学科助教授
2007 年　東横学園女子短期大学ライフデザイン学科准教授
2009〜2013 年　東京都市大学都市生活学部都市生活学科講師
2013〜2019 年　東京都市大学非常勤講師
2013 年〜　株式会社建設環境研究所勤務
現在に至る
博士（工学）、一級建築士、インテリアコーディネーター

● **山本秀代** (やまもとひでよ)［6 章］
1944 年　東京都生まれ
1967 年　法政大学工学部建築学科卒業
1967 年　RIA 建築総合研究所入社
1976 年　読売理工専門学校建築科非常勤講師
1978 年　DEN 住宅研究所設立
1986〜2015 年　法政大学デザイン工学部建築学科兼任講師
2019 年　DEN 住宅研究所再開
現在に至る

● **木村戦太郎** (きむらせんたろう)［7 章］
1939 年　東京都生まれ
1963 年　東京芸術大学美術学部金工科鍛金専攻卒業
1963 年　通産省工技院産業工芸試験所意匠部入所
1965 年　箕原正デザイン研究所入所
1972 年　木村戦太郎デザイン室設立
1990 年　キムラデザインルームに改組・法人化
1998 年　筑波技術短期大学聴覚部デザイン学科教授
2003 年　文化女子大学造形学部住環境学科教授
2011 年　文化学園大学建築・インテリア学科非常勤講師
2012 年　アトリエすぎのこ設立
　　　　　筑波技術短期大学名誉教授
2020 年　死去

● **稲田深智子** (いなたみちこ)［8 章］
1954 年　兵庫県生まれ
1976 年　日本女子大学家政学部住居学科卒業
1976 年　稲冨建築設計事務所入所
2003 年　相模女子大学短期大学部生活造形学科助教授
2007 年　相模女子大学短期大学部生活造形学科准教授
2011 年　相模女子大学短期大学部生活デザイン学科教授
2013〜2021 年　相模女子大学学芸学部生活デザイン学科教授
2021 年　相模女子大学学芸学部生活デザイン学科名誉教授
現在に至る
一級建築士、インテリアコーディネーター

● **城戸崎和佐** (きどさきなぎさ)［9 章］
1960 年　東京都生まれ
1984 年　芝浦工業大学大学院建設工学専攻修士課程修了
1984 年　磯崎新アトリエ入所
1985 年　伊東豊雄建築設計事務所入所
1993 年　城戸崎和佐建築設計事務所設立
2008〜2012 年　京都工芸繊維大学大学院デザイン経営工学
　　　　　　　　部門准教授
2012〜2017 年　神戸大学大学院建築学専攻客員教授
2013〜2023 年　京都芸術大学環境デザイン学科教授
2019 年　台湾・實踐大學客座教授
現在に至る
工学修士、一級建築士

● **蓑輪裕子** (みのわゆうこ)［10 章］
1963 年　鹿児島県生まれ
1989 年　東京大学大学院工学系研究科建築学専攻修士課程修
　　　　　了
1989 年　市浦都市開発・建築コンサルタンツ入社
1990 年　東京都老人総合研究所入所
2001 年　聖徳大学短期大学部総合文化学科講師
2005 年　聖徳大学短期大学部総合文化学科助教授
2007 年　聖徳大学短期大学部総合文化学科准教授
2015 年　聖徳大学短期大学部総合文化学科教授
現在に至る
博士（工学）、一級建築士

● **花見保次** (はなみやすじ)［10 章］
1936 年　福島県生まれ
1960 年　福島大学学芸学部美術科卒業
1961 年　松下電器産業入社
1968 年　高村デザイン事務所入所
1977 年　丹青社入社
1994 年　タカハ都市科学研究所入所
1996 年　聖徳大学短期大学部教授
2008〜2019 年　聖徳大学短期大学部兼任講師
商業施設士、商品装飾展示技能士（1 級）

図解　住まいとインテリアデザイン　第2版

2007年9月10日　第1版　発　行
2023年4月10日　第2版　発　行

著作権者と
の協定によ
り検印省略

NSPA
自然科学書協会会員
工学書協会会員

Printed in Japan

編著者　　住まいとインテリア研究会
発行者　　下　出　雅　徳
発行所　　株式会社　彰　国　社
　　　　　162-0067　東京都新宿区富久町8-21
　　　　　電　　話　03-3359-3231(大代表)
　　　　　振替口座　00160-2-173401

© 川島平七郎（代表）2023年
印刷：三美印刷　製本：誠幸堂

ISBN 978-4-395-32190-2　C3052　https://www.shokokusha.co.jp